阅读成就思想……

Read to Achieve

世界顶级CIO的修炼之道

【美】丹·罗伯茨（Dan Roberts）
布莱恩·沃森（Brian P. Watson） ◎著
杨燕坡 李永娜 ◎译

CONFESSIONS OF
A SUCCESSFUL CIO
HOW THE BEST CIOS TACKLE THEIR
TOUGHEST BUSINESS CHALLENGES

中国人民大学出版社
·北京·

图书在版编目（CIP）数据

世界顶级 CIO 的修炼之道 /（美）丹·罗伯茨（Dan Roberts），（美）布莱恩·沃森（Brian P. Watson）著；杨燕坡，李永娜译. —北京：中国人民大学出版社，2019.1

书名原文：Confessions of a Successful CIO: How the Best CIOs Tackle Their Toughest Business Challenges

ISBN 978-7-300-25392-3

Ⅰ. ①世… Ⅱ. ①丹… ②布… ③杨… ④李… Ⅲ. ①企业信息化 Ⅳ. ① F270.7

中国版本图书馆 CIP 数据核字（2018）第 006313 号

世界顶级 CIO 的修炼之道

[美] 丹·罗伯茨（Dan Roberts）　著
　　　布莱恩·沃森（Brian P. Watson）

杨燕坡　李永娜　译
Shijie Dingji CIO de Xiulian zhi Dao

出版发行	中国人民大学出版社
社　址	北京中关村大街 31 号　　邮政编码　100080
电　话	010-62511242（总编室）　010-62511770（质管部）
	010-82501766（邮购部）　010-62514148（门市部）
	010-62515195（发行公司）010-62515275（盗版举报）
网　址	http://www.crup.com.cn
	http://www.ttrnet.com（人大教研网）
经　销	新华书店
印　刷	天津中印联印务有限公司
规　格	170mm×230mm　16 开本　　版　次　2019 年 1 月第 1 版
印　张	11.5　插页 1　　　　　　　印　次　2019 年 1 月第 1 次印刷
字　数	149 000　　　　　　　　　定　价　59.00 元

版权所有　　侵权必究　　印装差错　　负责调换

Confessions of a
Successful CIO

本书赞誉

众所周知，我们从经验中收获最多，但并不是所有人都有机会去获得众多经验。除了我们自己所拥有的，其他最好的获得经验的方法就是学习他人的经验。本书所收录的故事恰恰展现了这些CIO精英们完美的领导才能，通过学习他们的经验，可以使我们获益匪浅。

琼·德鲁里（June Drewry）
丘博保险公司、怡安集团和林肯国民（Lincoln National）公司前全球CIO

我喜欢读《世界顶级CIO的修炼之道》这本书，它真实、有洞察力，是一本提升领导力的好书。在当今前瞻性的公司中，CIO的职责涉及公司运营的方方面面，除了跨界的挑战之外，CIO还要在诸如业务、人力、流程和技术等环节上进行把控。本书中的每一则关于CIO的故事都提供了相应的解决方案及成功案例，可以说在某些复杂的技术和业务交叉环境下，领导力至关重要。这些实用且严肃的案例是CIO们经常会遇到的，并且可以给予他们一些启发。这本书不仅有助于我们选择适合自己的工作方式，还可帮助我们验证所选择的创造性的商业价值路径能否可持续发展，以及我们的奋斗路径能否成功。

罗兰·帕克（Roland Paanakker）
耐克公司前CIO

在《世界顶级CIO的修炼之道》这本书中，作者站在世界级CIO的理念的高度，提出了非常具有哲理的方法论。书中所选的CIO的故事跌宕起伏，他们迎难而上，将挑战转化

世界顶级 CIO 的修炼之道
Confessions of a Successful CIO

为企业变革的机遇。这些故事有力地证明了，CIO 正确且强有力的领导能够给企业变革带来惊人的成效，同时也为众多的 CIO 们或渴望成为 CIO 的读者提供了精彩的案例，以帮助他们在企业中挖掘出 IT 的潜力并实现他们的自身价值。

史蒂夫·莫林（Steve Morin）
光明地平线（Bright Horizon）公司 CIO

《世界顶级 CIO 的修炼之道》是一本真正鼓舞人心的励志读物，在激励 IT 领导者成功转型方面起到了积极的作用。这本书介绍了一些具有影响力的世界级 CIO 的真实故事，通读这些故事你会感到精力充沛，并敢于挑战自己去成就一番事业。

玛丽·金德伦（Mary Gendron）
天弘集团（Celestica）高级副总裁兼 CIO

《世界顶级 CIO 的修炼之道》中充满了很多有见地的经验，它通过这些顶级 CIO 们的故事告诉我们，在当下，领导力是 CIO 取得成功的必要条件，并向我们提供了一些切实可行的建议。这本书是那些已经在 CIO 这一岗位上和确实想成为 IT 领导者的必备读物。

斯图尔特·吉普尔曼（Stuart Kippelman）
卡万塔能源（Covanta Energy）公司 CIO

《世界顶级 CIO 的修炼之道》中的每个故事都提供了"真实世界"的经验。现在，随着领导者能力的提升，所有的 IT 部也正试图专注于一件事情——价值创造。这对担任 CIO 这一角色来说是很好的启示，即胆子小的人不适合担任 CIO，这一职位适合敢于拼搏、勇于带领大家做一番事业的人。

戴德·拉莫内达（Dede Ramoneda）
第一国民银行（First Citizens Bank）副总裁兼 CIO

无论从事什么行业，CIO 的工作都变得越来越艰难且更具挑战性。在《世界顶级 CIO 的修炼之道》这本书中，我们有幸读到 CIO 精英们的故事，看到他们不仅要面临各种各样的难题与挑战，还要不惧风险勇于创新。他们用到的这些创新方法着实令人兴奋，因为这些方法完全打破了他们原有的职业禁锢。如果你是一位 CIO，读一下这本书吧，这是一本激励你前行，挑战你固有思维方式的好书。

大卫·米勒（David L. Miller）
阿肯色大学医学院（University of Arkansas for Medical Sciences）副校长兼 CIO

《世界顶级 CIO 的修炼之道》一书分享了 CIO 们的故事，重现了很多真实的场景，并让读者看到顶级 CIO 们是如何高效解决棘手的商业问题并达成目标的。此外，这本书还阐述了作为一名 IT 高管，只有将 IT 进行科学的艺术化管理，才能实现 IT 与客户和商业价值之间的利益最大化。

班·百利（Ben Berry）
波特兰市（City of Portland）CIO

罗伯茨和沃森做了一件了不起的工作，那就是把这些顶级 CIO 们在业务上极具价值的励志故事集结成册。收录在《世界顶级 CIO 的修炼之道》一书中的经验和智慧，就像一名棒球运动员从 10 名最好的击球手那里获得的击球技巧一样。

杰·法罗（Jay Ferro）
美国癌症协会（American Cancer Society）CIO

《世界顶级 CIO 的修炼之道》受到诸多读者的好评，书中所阐述的真知灼见在很多行业都可借鉴。这些经验通过鲜活的故事娓娓道来，令人难忘、影响深远，其中体现的建议也具有很强的可操作性。

詹姆斯·斯旺森（James Swanson）
孟山都（Monsanto）公司 CIO

《世界顶级 CIO 的修炼之道》一书将 CIO 的真实事迹通过故事的形式呈现出来，易于被读者理解与接受。在读了这些故事后，读者能够真实地感受到他们的做事风格与做事原则。有时，这些 CIO 的事迹就像一面镜子，不仅能够让我们看到自己的过往，还能让我们学到当今世界顶级 CIO 的网络优化准则——把人和领导力放在第一位，真正从业务角度去思考问题，从收入、成本和维护客户的角度去驱动业务转型升级。

迈克·焦亚（Mike Gioja）
沛齐（Paychex）公司产品管理与研发部高级副总裁兼 CIO

《世界顶级 CIO 的修炼之道》的内容非常务实，并且给读者提供了非常好的建议，这些建议主要侧重于如何将成功 CIO 们的经验进行转化。一位传统的 CIO 可能会把精力放到社交、移动办公、云计算和大数据四大领域上，然而这本书更注重 CIO 的领导力和在竞争中所具备的技术层面的组织与运营能力，这需要 CIO 具备果敢的领导力，并能认识到科技在业务促进上所具有的力量。本书所收集的这些经验能够大大提升 CIO 同仁们的洞察力，从而便于我们在客户体验、工作能力和股东权益等方面进行变革。通过这本书，读者还可拥有步入 C 级别高管的必备工具，以及如何获得勇气和将精力放在最重要的事物上的启示。

维克托·法特（Victor Fetter）
利普乐集团（LPL Financial）总经理兼 CIO

看了这些不同类型 CIO 的经验教训，使我想起了在我的 CIO 职业生涯中遇到的类似经历和令人恐惧的挑战。再次强调一下，这些经验教训极具学习价值：我们不仅要学会与客户紧密合作，并关注公司的底层业务，还要不断地以"我应为团队的成功做出贡献"勉励自己。《世界顶级 CIO 的修炼之道》中展现的 CIO 的卓越领导才能及其为企业成功所做的贡献，不断激励着我和我的团队。如果我作为领导者却不奋勇争先，那就一定会闲言四起（那可不是我愿意看到的）。

史考特·卡尔博森（Scott Culbertson）
UGI 公用事业公司副总裁兼 CIO

Confessions of a
Successful CIO

推荐序一

本书讲述了世界顶级 CIO 们在工作中的处事方式，对有志于成为 CIO 的人都会有所启发。

成为优秀的 CIO 都需要经历一个砥砺前行的自我修炼过程，根据国内企业对 IT 的定位与 CIO 的自身能力，CIO 可分为四个层次。

第一个层次，IT 支撑者。IT 支撑者是企业 IT 方面的负责人，主要职责就是提供技术支持，保障硬件及应用软件系统的顺利运营。这个层次的 CIO 是 IT 技术专家，应该具备相当扎实的信息技术知识，全面掌握 IT 技术发展，不断了解技术的新动态和发展方向，能够熟练地运用信息技术解决企业的实际问题。

第二个层次，IT 管理者。IT 管理者负责企业的信息化项目的推进工作，是企业 IT 方面的技术权威，能推进各类信息化项目，但只懂 IT 不懂管理。这个层次的 CIO 虽然是 IT 管理者，但仍然是保障业务的岗位，所以要想进一步发展，就必须精通业务。阻碍 CIO 前进的原因之一是 CIO 缺乏沟通艺术，要学会与团队沟通、与厂商沟通、与公司各部门同事沟通，要获得广泛人群的支持和帮助，要学会根据不同的场合、时间、对象和问题，说不同的话。

第三个层次，IT 领导者。IT 领导者很清楚公司战略、业务目标、商业模式，负责推进企业信息化项目、改进企业管理、优化流程，在企业中具有一定的地位，参与部分决策。这个层次的 CIO 是 IT 领导者，既懂技术又懂管理，也熟悉公司业务，一般为部门领导或者总经理助理。IT 领导者要想取得进一步发展，就要不断提高战略能力，熟悉企业文化，这样才能带领团队以技术支持企业业务持续发展。

第四个层次，IT 创新者。IT 创新者能够将技术与业务融合，为企业提出创新的建议，实践创新的商业模式。这类企业对管理要求很高，信息化在企业的经营管理中发挥着非常重要的支撑作用，同时，这类的企业信息化投入很高，整体水平已经上升到一定高度。这一层次的 CIO 已是企业核心领导成员，参与企业重大经营决策，但还需要多多培养商业思维、创新能力。

现在企业都在推进数字化转型，也赋予了 CIO 重要的使命。CIO 从为企业提高效率，为企业发展提供技术支持，向战略家、创新者转变，逐步帮企业打造核心竞争力。

企业面对的市场形势在不断变化，CIO 掌舵的 IT 部也需要不断适应变化。IT 管理如逆水行舟，不进则退，IT 管理者要不断地学习和提高。

本书囊括了众多世界顶级 CIO 们的职场经验，相信读者通过借鉴其实战案例，必定可以受益匪浅。

杨彦武

78CIO App 创始人

Confessions of a Successful CIO

推荐序二

我非常喜欢这本书，它不但能够提供实用的信息，而且能够启发灵感，令人难以忘怀。阅读每一章都像在读一部悬疑小说，里面既有英雄又有反派，还有扣人心弦的故事情节。这不是一本简单地写给CIO的书或学术专著，而是有关如何运用技术改造企业领导者的故事汇。作为一名读者，我感觉自己就像是故事中的一个角色，正在与这些主人公开怀畅饮，并一同分享着他们的喜怒哀乐。

实际上，这些领导者处在当今这样一个比以往任何时候都更具挑战的大背景下，做出了很多他们想象不到的事情。我们可以不断地从他们的失败和成功中汲取经验教训，并被他们的勇气和严于律己的精神所鼓舞。这本书的叙事写作手法也给我们留下了深刻的印象，使我们在最需要它的时候，能够在脑海中快速地"重放"书中的故事情节。

要做到技术领先，首先就要做到领导力领先。尽管本书中所描述的这些卓越领导者取得成功的路径各不相同，但他们身上却都具备一些独特的品质，如富有激情、自我驱动、勇于改变、影响他人、积极乐观、坚忍不拔，等等。

除了有胆识和严于律己之外，这些领导人还具有高技术智慧，而这一因素只能来自日积月累的经验。睿智的技术领导者知道如何识别技术中"具有无限可能的艺术"——在纷繁复杂的社会形态下，如何将现有的能力及各种技术、资源等应用于企业的转型之中的艺术。

正如上所述,"具有无限可能的艺术"是需要下很大的赌注的,这就强调了人在这一过程中要承担各种风险。这一点非常重要,主要是因为在通常情况下,一家企业往往缺少一位主导技术攻关的左脑型技术人才。我们可以在这本书上做一下标注,看看但凡出现业务、团队以及人员等这些词汇时,所涉及的内容是不是跟服务、企业架构和流程有着极大的关联度。

本书总结了许多经验教训,如怎样处理好技术在企业和人之间的利益关系。对于大、中、小企业来说,技术资产管理是企业运营中不可或缺的部分。本书中的故事向各层级领导者提供了一个真实的画面,并告诫其如何利用技术对业务进行改造。

时刻做好准备,放下身段,向最优秀的人学习。时刻做好笔记,记录下工作中的顿悟,并用领导者的思维去思考问题。你既可以把自己放在领导者的位置上,在处理关键问题时做到三思而后行,也可以制定明确的目标,就像撰写一本书一样,在想好该如何更好地展开你的故事后再动笔。

读了这些故事后,你会努力工作,不惧挑战,做到最好,并成为一名独特的领导者。

用从本书中学到的知识来丰富你自己作为领导者的阅历吧,布莱恩·沃森、丹·罗伯茨和我都期待着你能做到!

苏珊·克兰姆(Susan Cramm)

领导力提升导师

《IT中最讨厌的八件事》(*8 Things We Hate About I.T.: How to Move Beyond the Frustrations and Form a New Partnership with I.T.*)一书的作者

Confessions of a
Successful CIO

前 言

欢迎阅读《世界顶级 CIO 的修炼之道》。需要提前声明的是，这并非一本普通的关于 IT 领导力的书。

许多涉及 CIO 的书籍大都侧重于阐述企业设立 CIO 这个职位的重要性，以及众多有抱负的 IT 领导者是如何通过努力改变了企业并获得成功的。这些书极具阅读价值，并且也为今天的 IT 领导者提供了大量的有用且可借鉴的案例。

我们对这些理论有自己的看法，但是，我们更倾向于把其讲给更聪明的人听。而在《世界顶级 CIO 的修炼之道》这本书中，我们采用了另一种不同的方法：从美国找到那些顶级的 CIO，把他们的故事讲给全世界的人听。

我们所说的"故事"是什么意思呢？其实非常简单，我们采访了这些著名的 IT 领导者，询问他们是如何处理最棘手的业务挑战的，以及他们从中汲取了哪些经验教训。书中所讲述的这些故事极具震撼力。即使我们在 IT 领导力领域工作超过 35 年，也写过许多关于这方面的书，但这本书远超我们的预期，它所呈现的故事可能会对整个 IT 行业产生深远的影响。

众所周知，寻找一位合适的 CIO 的确不容易，但我们有多年与他们对接的经验。在本书中，我们向大家介绍了如何选择一位合适的 CIO，同时我们也呼吁 CIO 中杰出的领袖人物能为我们提供更多选择合适 CIO 的方法。

下面介绍一下为编写这本书组建的专家组人员。

- 苏珊·克兰姆：为本书写了推荐序，曾任首席财务官（CFO）兼 CIO，是《IT 中最讨厌的八件事》一书的作者。她曾为多家世界 500 强企业提供过咨询服务，并为《战略与经营》（*Strategy+Business*）杂志撰写博文。
- 肖恩·班纳吉（Shawn Banerji）：罗盛咨询公司全球技术部技术总监，全球技术实践委员会成员，全球企业寻求 IT 领导力变革及业务优化资深顾问。他经常接受媒体采访，在学术界享有盛誉。
- 加里·比奇（Gary Beach）：《CIO 经理人杂志》（*CIO Magazine*）名誉出版人，曾就 CIO 这一职位进行了 30 多年的研究，是 2013 年畅销书《美国技术技能差距》（*The U.S. Technology Skills Gap*）的作者。
- 芭芭拉·库珀（Barbra Cooper）：丰田汽车销售公司前 CIO。她有超过 30 年的 IT 领导力经验，在金融、科技、制造业等多个领域及政府部门有丰富的工作经验，曾于 2007 年被选入 CIO 名人堂（the CIO Hall of Fame），2013 年退休。
- 彼得·海伊（Peter High）：著名战略咨询公司 Metis Strategy 总裁。著有《世界级的 IT：当技术胜利时，企业如何获得成功》（*World Class IT: How Business Succeeds When Technology Triumphs*）一书，并在"福布斯 CIO 网络排行榜"和"世界级的 IT 论坛"中对 CIO 这个角色进行过详细的分析。
- 阿特·朗格（Art Langer）：哥伦比亚大学教务主任、技术管理硕士项目成员，同时也是《华尔街日报》（*The Wall Street Journal*）主办的《CIO 杂志》（*CIO Journal*）的捐助者以及非营利组织就业信息服务的创始人兼董事长。

在与上述这些精英们一起工作时，他们毫无保留地向我们提出了宝贵的意见，我们也由此设定了本书的框架。同时，我们制订了采访一些世界 500 强企业 CIO 的计划。我们选择企业的标准并不是看其规模如何，而是看这些企业的 CIO 的经历是否非常值得我们参考。当然，本书最终选定的这些 CIO 的确来自大企业或家喻户晓的知名品牌企业，但这并不是将他们的故事收集到此书中的主要原因。

那原因到底是什么呢？其实很简单。他们都是大企业的领导，而非普通的技术人员，他们每天关注的是业务层面而非程序员敲代码的工作。这才是值得借鉴的地方。因为在当今和未来的一段时间内，许多 CIO 不仅需要以同样的方式来带领其他高层领导去做同样的事情，还需要在公司内部主动利用技术来推动业务的进展。

我们会去采访这些被选上的 CIO，请他们谈谈在业务上都遇到过哪些重大挑战。他们的故事是令人难以置信的，我们从中感受到他们大多数人所具有的一些特质。

- 敢于孤注一掷——这些领导不怕承担风险，他们都拥有很多大胆的想法，因为他们确信可以用一套说辞合理地解释投资的可行性。
- 极具号召力——当他们要采取行动的时候，他们通常站在要拯救公司未来的高度来推动项目计划，这需要他们对自己的能力和经验有十足的把握，这可不是所有领导都具备的能力。
- 重视员工——这些领导明白员工给企业带来的价值，他们不会把员工当成一个数字或者一个可互换的零件来对待。
- 雷厉风行——尽管从人性的角度来看，这些领导明白有时候需要果断地做出一些艰难的决定，而这些决定不但会影响到他们直接管辖的人员，而且会影响到整个公司的健康发展。
- 以结果为导向——这些领导者不会盲目地进行研究和开发，在不确定业务走向和未来商业价值的时候，他们不会着手新的项目，而是专注于改善企业现有的状况，促进现有项目发挥出最大的作用。

所以，最后我们也许会得到这样一个结论，即最出色的 IT 领导者会做所有的事情。

我们希望当今及未来各层级的 IT 领导者们能够通过本书中的这些故事学到不少经验，能在工作中更好地指导下属、激励团队，以提升他们改变 IT 行业游戏规则的能力。

Confessions of a Successful CIO

目 录

第 1 章   **宝洁公司 CIO：极具前瞻性的菲利普·帕萨利尼**   **/ 001**

"任何技术都是'商品'，除非我们找到一种行之有效的、与之匹配的具体的商业价值。"

第 2 章   **美国雷神公司 CIO：火箭专家丽贝卡·罗兹**   **/ 017**

"始终保持初心对我们来说是很宝贵的品质，尤其是在最难熬的日子里。"

第 3 章   **DHL 公司 CIO：修复员史蒂夫·班德罗亚克**   **/ 033**

"我不想平庸地趴着，我只想伟大地站起来。"

第 4 章　柏克德工程公司 CIO：领航者卡罗尔·泽尔霍弗　/051

"人一定要放在首位。领导者必须要选择合适的人上车，并且必须要确保把他们安排在合适的位置上，然后才能去做事。"

第 5 章　联合太平洋公司 CIO：指挥家林登·泰尼森　/071

"正如参加高尔夫比赛一样，要想提高你的技能你就必须留在比赛中，并且不断地努力练习。IT 也一样，要想提高与 IT 相关的技能，也只有不断地努力练习。"

第 6 章　西斯科公司 CIO：决策者韦恩·赫特斯　/089

"我走的每一步都是为了最大化地提升自己的价值，提高自己的能力，而不只是为了升职加薪。"

第 7 章　康西哥公司 CIO：现实主义者唐·艾姆赫尔兹　/105

"我不是为了工作而工作。如果非要说我想要一份工作的话，那可能是因为我愿意为这份工作付出，或者这份工作能够激发我挑战自我的状态，这会令我更加激动。"

第 8 章   **Ameristar Casinos 公司 CIO：无心插柳柳成荫的史林 · 奎诗** /123

"我不仅是一名代理 CIO，我还是所有问题的暴露者。"

第 9 章   **USAA 保险公司 CIO：锐意改革的格雷戈 · 施瓦兹** /143

"将 IT 像业务一样去运营。虽然我们一直在提倡创新，但是如果运营规则都没建立好，那么单单为了创新而进行创新是没有任何意义的。"

Chapter 1

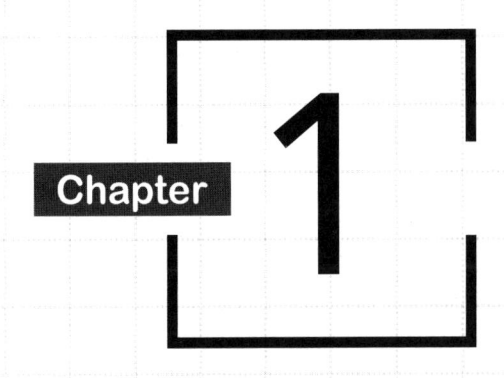

宝洁公司 CIO：
极具前瞻性的菲利普·帕萨利尼

菲利普·帕萨利尼（Filippo Passerini）是宝洁公司（P&G）全球业务服务部（GBS）总裁兼CIO。他领导6000人的团队负责给全球75个国家提供超过170种服务和解决方案。

帕萨利尼带领宝洁公司的IT团队，组建了全球最大的共享服务组织——全球业务服务部。全球业务服务部就像《经营模式的转变》（*Transforming The Way Business Is Done*）一书中所描述的那样，主要专注于对企业生产效率和价值的推动，并为宝洁公司提供增长动力方面的竞争优势。从结构创新和理念创新出发，全球业务服务部为宝洁公司总共节省了超过10亿美元的费用。

帕萨利尼在发达国家和发展中国家市场中具有超过30年的宝洁业务相关经验，他曾在英国、拉丁美洲、希腊、意大利、土耳其和美国等地工作和生活过。他在企业管理、综合管理和营销管理方面具有丰富的经验，他认为接触不同的业务并进行跨部门合作是他成功的关键因素之一。

帕萨利尼是全球公认的IT和共享服务思想领袖，他获得过无数的奖项，包括CIO领导力方面的首届费希尔-霍珀终身成就奖（Fisher-Hopper Prize for Lifetime Achievement in CIO Leadership）、年度共享服务思想领袖奖（Shared Service Thought Leader of the Year）、《信息周刊》（*Information Week's*）年度人物、CIO名人堂等。

帕萨利尼不仅是联合租赁公司（United Rentals）的董事会成员，也是米兰理工大学管理学院客座教授。

帕萨利尼是土生土长的意大利人，曾就读于罗马大学，并获得统计与运营研究博士学位。他现在居住在辛辛那提，家庭成员包括妻子露西亚以及他们的三个孩子。他们还养了一只猫。

第 1 章
宝洁公司 CIO：极具前瞻性的菲利普·帕萨利尼

岁已至末，希腊雅典的天气很不错，单就这一点来说，雅典就比美国的辛辛那提要舒适一些。

此时正是 2002 年 9 月的一个周五的晚上（这时候是美国东部时间的早晨），菲利普·帕萨利尼作为宝洁公司雅典营销业务部的副总裁兼西欧区的营销团队领导，接到辛辛那提公司总部打来的电话。

打来电话的是宝洁公司的一位高管，他向帕萨利尼一家人表示问候，然后又问他在希腊的工作是否顺心，帕萨利尼对领导的关心表示感谢。就这样，他们互相寒暄了 20 分钟，他知道领导找他并非为了寒暄，肯定有一些重要的事情。

帕萨利尼问道："请问您这次打电话给我的目的是什么？"

这个问题很不好回答。那时，宝洁公司的业务极其复杂，公司已经决定寻找新的业务来提高企业的盈利，这甚至都影响到了普通员工的就业情况。

帕萨利尼在想："如果总部提前结束他在希腊的任务，这会有助于解决公司总部的问题吗？如果任务真的提前结束，那会是什么时候呢？"这位高管的回答是："下周一。"

帕萨利尼曾经担任过 IT 管理员的角色，同时也有机会与宝洁公司的业务部门进行更深入的沟通，于是他做出了一个大胆的决定，离开多年的 IT 环境，走向纷繁复杂的业务部门。这既是一件令人心潮澎湃的事情，又是一个令任何想在管理角色上大展宏图的人实现抱负的机会。

帕萨利尼知道共享服务项目需要极强的领导力，他虽远在大西洋，但和该项目有关的消息很快就传到了他那里。受该项目影响，公司中有 7500 多人表示他们对未来感到非常担忧。

那时，帕萨利尼和他的家人正在雅典享受他们的生活。从挂完电话的那一刻起，帕萨利尼的愉快生活就结束了。周末，他乘坐飞机回到了辛辛那提，即将踏上使其成为信息技术领域最具声望的领导者的征程。

帕萨利尼是土生土长的意大利罗马人。1981 年 11 月加入宝洁公司的时候，他才 24 岁。之后他很快便从系统分析师的岗位得到了晋升，并于 1997 年从 IT 部直接被任命为公司副总裁。

他曾在 IT 部和多个职能部门担任过高级领导职务，2003 年掌管宝洁公司全球业务服务部四大洲的业务，次年被任命为 CIO。如今他依然担任着全球业务服务部集团总裁兼 CIO 的职位。宝洁公司生产着世界上最知名的部分消费品，市值已经高达 830 亿美元左右。

从帕萨利尼长期的业绩来看，尤其是在创新和创造商业价值上，他获得的奖项比媒体统计出来的要多得多，包括《信息周刊》2010 年度终身成就奖、首届加州大学伯克利分校哈斯商学院 CIO 领导力方面的费希尔-霍珀终身成就奖等。

但他在 IT 界的地位却始于那个 2002 年从辛辛那提打来的电话。

多年之前，帕萨利尼就开始关注 IT 产业。随着互联网泡沫突然破灭，具有创造性、前途光明且充满新技术和变革的电子商务时代来临了。同时，电子商务时代也吞噬了数以百万计的风险投资。但没过多久，这些电商企业就好像消失了一样，随之迅速消失的还有一大批岗位，这致使美国陷入了 50 多年来最动荡的 10 年。

但 IT 产业还是有一线希望的，IT 基础设施和服务支出预计在稳步增加。著名的宝洁公司两任董事长兼 CEO 雷富礼（A.G.Lafley）、多伦多大学罗特曼管理学院院长及雷富礼的长期顾问罗杰·马丁（Roger Martin）在其 2013 年出版的《为赢而战：战略如何真正有效》（Playing to Win：How Strategy Really Works）一书中简单记录了这一时期的状况。随着这些需求的增长，国际上出现了一种新的供应商——业务流程外包供应商，即外包公司（BOP）。"互联网泡沫破灭后，有许多事情要善后处理，同时快速数字化转型的企业也面临着越来越多的业务需要外包的问题，而选择哪家外包公司或怎样才能将这些做到最好也是它们所必须面对的问题,"雷富礼和马丁解释道,"其实这并不简单,如果选择的外包公司出现问题,那业务流程的实现可能就要多支出数百万美元,无数令人头疼的业务流程还有可能降低整个生产线的生产效率。"

1999年,宝洁公司设立了自己的全球企业客户服务部,它们认为这基本上可以将部门中不同板块的同一业务(如IT、基础设施、员工服务等)外包出去。三年之后,公司需要对该部门进行评估,并设置了三种模式:将业务全部由内部人员来完成、将业务全部外包出去或者将大部分业务外包给业内最知名的外包公司。

公司没有明确地或简单地说明要选择哪一种方式,这时候,公司的许多人都只看到了任务的艰巨,帕萨利尼却还看到了机会。

在这个项目中,对帕萨利尼最具激励的因素就是,他把问题看成了机遇。他在宝洁公司一共任职31年,这是在他工作的第10个年头遇到的最为棘手的问题。

从他在意大利加盟宝洁公司开始,帕萨利尼先被派到土耳其做了一名系统管理经理,1991年被派到英国——这里有宝洁公司第二大的IT操作系统以及第二大的利润中心。在英国时,帕萨利尼也面临许多挑战,比如努力把他的蹩脚英语口语提高到标准的英式英语水平;与此同时,他还要应对所管理的团队成员在年龄上都比他大的局面等。

之后,宝洁公司决定在整个欧洲推出一套全新的现金订单管理系统,该系统属于公司的核心系统,即宝洁公司所有业务系统的"神经中枢",包括从订单到支付的所有流程。如果宝洁公司不能实现公司产品的快速运输,那么产品就不能及时地摆放在商店的货架上,如果宝洁产品没有被摆放在商店的货架上,那么宝洁公司就没有销售。

帕萨利尼决定亲自去部署这套系统,他说:"我本以为可以很轻松地部署好这套系统,但实际上第一次部署的情况非常不理想。"这主要是因为他未能很好地把控业务的变化，以及未能有效地管理公司的运营。他本以为这可能会使他丢掉在宝洁公司的工作，他甚至回家告诉妻子，他们很可能需要回到意大利重新寻找工作。

很显然，结果并非如此。后来帕萨利尼换了一种思路来处理此问题，他将所遇到的问题转化成了一个对企业有促进作用的机会。两年之后，他被提拔为总监并外派到美国工作。现在他又将这个经验灌输给全球业务服务部中的每位成员。"这比解决问题更重要，就好比踢足球，如果你和对手的比分是0∶1，那么我们不仅要想办法获得1∶1，还要想办法去赢得这场比赛，"帕萨利尼说，"当我们遇到问题的时候，我想到的不是如何解决这个问题，而是反过来去发现这个问题的根源或者改变原有的管理方式，从而将这些问题从根源上解决掉。从文化角度来看，这是另一种要素，而且恰恰是很关键的要素。"

让我们再回到辛辛那提，在那里，帕萨利尼开始计划要为全球业务服务部做些什么。从表面上看有三种方式可供选择：一是坚持自己做；二是将业务全部外包出去；三是将部分业务外包出去。但根据雷富礼和马丁的意思，"在合理的情况下任何一种选择似乎都是合理的，但没有一种选择能够回答宝洁公司如何做才能够实现全球化服务这个问题"。

经过长时间的甄选，负责外包的领导层最终决定从BPO团队中抽调部分人员组成一支优秀的团队来开发一套电子数据系统，但这会引起一定的负面效应，会使全球业务服务部的成员对未来感到困惑，也就是说，这会产生大量的内部问题。

这会使全球业务服务部的员工对未来感到迷茫，他们还能有工作吗？如果他们继续待在宝洁公司，那他们将会做什么呢？公司的领导们每天都会听到一些相关的问题。

很多事情往往都是不可控的，帕萨利尼知道他需要找到一套不同的解决方案，现在有三种方式可供选择。全球业务服务部可能太溺爱这些员工们了，所以现在需要对他们严厉一点。任何一个认识菲利普·帕萨利尼的人都知道帕萨利尼是他

第 1 章

宝洁公司 CIO：极具前瞻性的菲利普·帕萨利尼

们这个行业中最优秀的员工之一，但他们也知道帕萨利尼坚信对员工适当严厉也是一种爱的表现。

■ ■ ■

我们见过很多学富五车的才子，他们的知识大多都是从学校中学到的，包括一些貌似只适合某些场合的专业术语。但是对于帕萨利尼来说，这些术语不仅是一些专业术语，更是一种思维方式，他能将这些术语很好地运用到工作中，这也成了他在宝洁公司为全球超过6000名员工提供服务的工作方式。

帕萨利尼继续审核这些可供他选择的方案，正如雷富礼和马丁所描述的那样，他也看到了这些方案的优缺点。

由于整个环节出现了许多的问题纠纷，而大家也都习惯于在出现问题的时候才去解决这些问题，即所谓的"头疼治头、脚疼医脚"。因此在接下来的一段时间内，BPO 团队也将迎来一个很大的发展机遇，但他听到的多数都是一些负面的消息和相关的疑问，比如："如果把部分业务外包给电子数据系统公司（EDS）或另一家一流的外包公司，可能会为公司带来较大规模的经济发展，但是宝洁公司有与之对应的成本效益分析和服务商级别要求吗？将业务外包出去难道真的能创造一个新的环境并促进业务的创新吗？能真的为公司创造出价值吗？"

当找不到答案时，就是考验一个领导人员创新能力的时候了。帕萨利尼想出了一个更好的办法——"选择性外包"，即不是将所有的业务外包给一家公司，而是将不同的业务分别外包给在该领域最强的外包公司，集中这些外包公司的强项来处理公司的业务。

"该方案的逻辑是，宝洁公司的需求千变万化，而这些合作的外包公司在该领域可能比宝洁公司做得更为专业，所以可以更好地满足企业的需求，"雷富礼和马丁如是说，"帕萨利尼发现，将专业的事情外包给一些更加专业的外包公司是可以有效提高工作效率并降低企业成本的，而且由于宝洁公司业务的复杂性，宝洁公司可以通过处理这些复杂的关系来整合资源，从而创造出更多的价值。"事实证明，对外包公司的筛选限制了企业运营的风险范围，同时明确了宝洁公司的业绩基线。

全球业务服务部将 IT 技术支持服务和应用程序服务外包给了惠普公司（惠普公司在当时的市场排名中位列第四）；将员工服务外包给了 IBM 公司全球服务部；将设施管理服务外包给了仲量联行（Jones Lang LaSalle）公司。将不同的业务外包给不同的服务商为公司带来了许多超乎想象的好处。例如，从帕萨利尼决定实施这套方案到现在，公司已经节省了超过 10 亿美元的资金。

但是据他所知，员工已经对实行选择性外包这件事情产生了一定的情绪反应，许多人为此感到忧虑。当时这些人不知道这么做到底是好是坏，也不知道对他们的工作会产生什么样的影响，直到若干年以后，这么做的效果才慢慢地体现出来。后来有人问帕萨利尼，为什么他的企业会取得如此辉煌的成就，他解释说，这是公司外包的功劳。他不是为了外包而外包，虽然节约成本很重要，但更重要的是选择性外包还可以给公司带来更多的价值。

在进行选择性外包 10 年之后，帕萨利尼才说出了根本原因："选择这种方案可以完全重构我们对每个角色的认识，我们已经尽量将更多的底层业务外包出去了，更多地保留了上游的业务以及具有战略价值的技术部分。这样做会让我们的企业变得更加灵活，而且你也看到了，我们成功了。对宝洁公司来说，将更多的精力集中到战略上是非常重要的。"

但帕萨利尼坚信，人员问题依然存在。

其实在实施流程优化的早期，他就致力于寻找解决方案和模型来解决全球业务服务部的危机，同时他也知道一旦实施了流程优化，就会有许多员工被迫转移到其他公司，所以他也曾努力与新的服务提供商就此进行了多次谈判。

"当惠普公司与宝洁公司签约时，有大约 2000 名宝洁公司的员工进行了岗位调整，但是工资和福利津贴与他们在宝洁公司时保持一致。因此，尽管出现了一定的问题，但是这些员工能在一家顶级技术服务商那里工作还是不错的，他们会

第 1 章
宝洁公司 CIO：极具前瞻性的菲利普·帕萨利尼

在惠普公司拥有更好的技术职业生涯机会，"帕萨利尼说，"对员工进行严格的管理非常重要，我也知道将公司的最新情况和最新变动充分透明地告诉每一位员工至关重要。当你有一个新的想法时，如果在早期就与大家积极地沟通，让他们知道企业未来的发展方向以及可能会对他们产生的某些影响，那你总是会遇到或多或少的麻烦，因为因此而带来的负面消息可能比好处还要多。但是我认为，我们应当尊重每一位员工，应当把最新的消息实时地与大家分享。虽然我们做的事情不一定能够完全实现，但是我们想让大家知道，就算我们这次不对公司进行改革，以后迟早也要对公司进行改革。"

■ ■ ■

帕萨利尼也会在第一时间告诉你，当他接管全球业务服务部时，并不是所有人都对他持欢迎态度，肯定有部分人是高兴的，还有部分人是失落的，但全球业务服务部以外的某些人看到的可能只是对帕萨利尼的任命，也许会对帕萨利尼持嘲笑抑或讽刺态度，或者对全球业务服务部产生一些负面的言论。

解决问题的方式有多种，嘲讽也好，讽刺也罢，帕萨利尼依然顶着重重压力做出了一个重大的决定，哪怕这样做会失败，甚至导致他的名誉受损。这也让他的反对者们感到意外。

后来宝洁公司取消了与 EDS 之前的合作，并且专门成立了治理委员会来指导相关项目的下马工作，在全球业务服务部的许多员工看来，这是一次胜利。因为在处理相关项目的下马工作期间，该治理委员会直接接管全球业务服务部的业务，所以这对帕萨利尼来说又是一次机会。

治理委员会的 15 名成员在帕萨利尼到来之前早已苦不堪言，虽然他们都具有丰富的经验，对全球业务服务部也有全面的了解，但现在的状况已经将这些成员折磨得快要崩溃了。不过，帕萨利尼看重的是这些成员的能力，所以帕萨利尼决定邀请他们重回全球业务服务部。他告诉大家，简单来说，如果大家不加入全球业务服务部，那将会是一种资源浪费。并不是这 15 名成员都想以全职的身份加入全球业务服务部，但帕萨利尼说服了那些最合适的人员加入。

这件事情对宝洁公司后来的发展起到了关键的作用——仅仅在 11 个月内，宝洁公司就签署了约 40 亿美元价值的选择性外包协议，治理委员会也仅仅在 18 个月内就解决了这些问题，并且制定了 EDS 提案。这个提案随后也成了惠普公司 IT 外包服务的蓝图。

■ ■ ■

重组后不久，全球业务服务部的员工们问了帕萨利尼一个有趣的问题："我们做完了吗？"帕萨利尼回答道："相对完成了。"这也是他的领导力根本原则之一：保持相对性。

同时，帕萨利尼也很快就适应了雷富礼为宝洁公司高管所建立的规则理念——要赢。在实施任何一项重大举措之前，必须要考虑到以下三个问题。

第一个问题，企业要赢得什么？ 在技术方面，很多的 CIO 们认为购买最新的软件或搭建最先进的系统就会自动使其转化成商业价值。"CIO 们通常认为，如果我做的正确，这些技术或者系统就会转化为对业务的促进，但是我并不这么认为，"他说，"我认为你需要自始至终地考虑商业价值是什么，在技术工作中的每一步都要考虑到商业价值的属性，从而明确地引导企业去创造商业价值。"

但是为了实现价值的创造，帕萨利尼也考虑了一系列棘手的问题，譬如团队成员的技术能力问题、团队是否具有激情和动力，等等。

第二个问题，如何才能主动产生商业价值？ "作为技术人员，如果想要取得成功需要研究什么？"帕萨利尼询问道，他迫使技术团队在理念上既要超越供应商那些过时的原地打转的思维，也要快速地了解并学习业务与技术之间所发生的变化。

第三个问题，同时也是最重要的问题，可能会出现什么样的错误？ 帕萨利尼说，这个问题是最关键的，需要时刻去思考这个问题，并且这个问题也帮助他的团队理解在问题出现之前如何去预知这些问题。

他将这三个问题作为企业的理念，并围绕它们进行了一场大规模的讨论。"我们唯一感兴趣的是与业务相关的事情——为企业创造价值，"帕萨利尼说，"我们能做些什么才能使其与业务相关呢？这才是最关键的问题，并且也是我们每天都应该问自己的问题。"

因此，当被团队成员问到该项工作是否已经做完的时候，帕萨利尼想到的并不是刚刚完成的这部分工作，而是将来还有一堆的事情需要去做，这才仅仅是个开始而已。于是他让团队成员将工作重点转向那些尚未发生的事情上，那些人员还有工作要做，还有服务需要去提供。"如果他们能够一直保持相对性，那么我们的企业将会发展得更加壮大。"帕萨里尼说。他还告诉他的团队："我们将来的命运都掌握在我们自己的手里。"

这并不是一句简单的激励的话，如果全球业务服务部的员工们为此就感到沾沾自喜，或者将自己的服务变成一种商品，那么他们就必须与发展中国家的其他供应商去竞争，这样他们就会发自内心地失去对企业的信心，产生适得其反的效果。

于是，帕萨利尼继续说道："现在的问题不是我们是否需要将更多的业务外包出去，而是我们要知道哪一块业务才是我们真正的需求；否则，我们只会任由'任何事情都有可能发生'这句话摆布。"

■■■

对帕萨利尼来说，有的放矢需要与一定程度的谦卑同时出现。他一再叮嘱他的团队不要自以为是，但是也要有信心去承担更多的责任，对业务提出创新的建议。

最关键的是，如果宝洁公司的 IT 部和全球业务服务部不能提出创新的建议，不能在实际环境中推动业务的发展，那么它们肯定会被许多业务部门领导所左右。

由于与高层的各个领导的关系都是建立在信任和信誉基础上的，所以有人会认为，直到 2003 年帕萨利尼开始掌管全球业务服务部以来，全球业务服务部才算取得了成功。

在大规模地削减业务并将部分业务外包出去之后，宝洁公司取得了许多积极的成果，但对帕萨利尼来说，最大的成功则是他所宣扬的——为企业创造价值。将企业中所附带的"最普通的" IT 工作外包出去，从而他们可以更加专注于企业的战略事项。"将 IT 工作外包出去以后，我们的工作变得更加灵活，对宝洁公司来说这就是更具战略性的事情，这能让我们把工作重点放在更宏大的想法上。"他说道。

帕萨利尼及其团队单独创建了一个创新实验室，在该实验室当中，他们都可以大胆地提出自己的想法。但他并没有停留在任何一个特定的技术环节上面，通过该实验室，他可以看到宝洁公司在世界级数字化领域的愿景。

对于任何 IT 组织来说，最困难的事情之一就是把它们的成就变成现实。比如说虚拟化，我们知道虚拟化可以提高服务器的使用效率，但这并不是每个人都可以感受得到的。比如，普通用户在访问网站的时候是感觉不到后台的系统是物理机系统还是虚拟机系统的。虚拟化可以向智能手机和平板电脑提供可触摸的移动网络接入服务，但是这越来越成为现代 IT 商店的筹码了。

其实，宝洁公司一直都在创新，如果你到宝洁公司总部走走，你就会发现，技术创新在 10 年前甚至 20 年前就一直存在，同时你也会发现这些创新也都是不可预期的，它可能会因为某种因素而发生改变。

我们来想象一下，椭圆形的全屏幕会议室内，所有的人员就位后，大屏幕上展示着全球的业务信息，分析师描述着全球业务的状况，讲解着宝洁公司的产品是如何销往世界每一个角落的，从葡萄牙的帮宝适纸尿裤系列产品到丹佛的多丽衣物柔顺系列产品。高层领导可以看到来自世界各地超过 50 个国家和地区的实时销售数据，从而为整个供应链、商品采购和价格的制定提供决策支持。

就像它们开发的仪表板分析系统一样,它们在 2008 年开始开发的决策舱系统(Decision Cockpit)通过诸如报警功能、数据钻取分析功能等入口传递了某些信息,并利用所得到的数据对趋势和运营做出一定的指导,从而能够让最终用户可以根据自己的需要定制自己想要的数据,并且快速地帮助宝洁公司实现对业务的决策。最初,只有 2000 多人使用该系统,后来使用人员逐步增加,到现在已经有超过 58 000 人在使用该系统。

另一个案例就是虚拟实物模型,它提供了一种全新的方式去重新思考如何包装宝洁公司的产品,以及在货架上展示其品牌。之前,营销团队在产品销售低迷期会重新设计和包装产品,为此,它们必须创建一个实体模型来模拟这种销售方式,并且它们还必须得到所有竞争产品的原型,然后才能分析设计出新的产品并在各大商场上架销售。现在,这些设计都是通过虚拟的方式来完成的,这种方式允许产品经理及其团队在几乎没有成本的情况下设计出符合市场需求的真实产品,并且大大缩短了时间。原有的方式一般要花费一个多月的时间,现在只需要两天的时间就足够了。

无论是项目或者计划,帕萨利尼及其团队都一直在为胜利而战,他们一直在努力创新,直到他们已经为宝洁公司带来实际的商业价值。除此之外,拥有预知能力同样重要。

从许多方面来说,帕萨利尼之所以强调预知的重要性,可能是因为他丰富的经历。

回想一下几十年前的底特律,当时普遍的商业模式是大鱼吃小鱼,小鱼吃虾米,三大汽车制造商也在采用这样的模式。三大汽车制造商的运营高度集中并统一部署,它们拥有从原材料到经销商的所有资源,以及非常惊人的员工数量。这种商业模式的结果往往就是,大鱼会吞并所有的竞争对手,而竞争对手们只能去尝试进行一些索赔。

随后日本制造商带来了一种全新的商业模式,即在价格制定、生产制造和市场营销方面着重强调敏捷性和灵活性。慢慢地,三大汽车制造商也发现了这些问题。虽然大鱼比较强壮,但是大鱼正在迅速地被快鱼蚕食。

今天,帕萨利尼也看到了一种完全不同的模式。在他看来,现在的商业模式并不是大小的对抗,也不是快慢的对抗,而是传统工作模式和新型互联网工作模式的对抗。

这令许多人难以想象,但如果你是一个对商业模式有过简单了解的人就应该有所领悟。许多的企业高管选择忽视这些观点信息,但对于帕萨利尼来说,这是一个绝对不能被忽略的事实,并且他还将这种观点应用到企业的方方面面。

许多 CIO 通常都具有多项 IT 技能,比如架构设计、代码开发或者项目管理等。这种类型的新型 IT 专业人员是许多企业所需要的,帕萨利尼及其团队也在继续寻找着能驾驭多种技能的新型人才,但这也意味着团队的管理关系也要发生相应的变化,需要与多个合作伙伴合作并实现共赢。帕萨利尼对于他的团队能发现这件事情感到兴奋,并抓住这一点来鼓舞团队的士气。

这就是帕萨利尼强调预见能力的根源所在:在到达目的地之前,他就看到了未来要发生的事情,并且非常感谢过往的经验教训。当然,那些不懂"历史"的人对此就不甚理解了。

"我已经得出了结论,生活中的预见性是管控的基础,这适用于大部分场景。我们来想象一下体育运动,譬如滑雪,如果你的身体落后了,那么你可能就会摔倒。我们再来想象一下打网球,如果你能提前一点点预判出球的位置,那么你将会更好地发挥你的力量,"帕萨利尼说,"这就是预见的能力,如果我们的预判准确,那么我们就能把控整个事情的发展方向。"

学会预知可以带来领先的业务发展,帮助宝洁公司分析全球业务趋势,并在竞争对手面前提前找到解决方案。预知的能力直接影响到帕萨利尼和公司的信仰,也影响到他们想要的结果。当大家知道自己想要得到什么的时候,他们就会为了获得成功而奋发向上,就像雷富礼和马丁所说的那样,这也会对员工产生积极的促进作用。

"这就是精力充沛的一类人,他们永远会感觉到自己是赛场上的球员,是主角,而不是旁观者,"帕萨利尼说,"这和坐在一旁等待业务的发展是有很大区别的,这不仅需要具有不同的技能,也需要一种灵活性和反应能力。因此,我们花了大量的时间去构建一种思维模式、一种成功所需要的技能、一种进取的精神以及在IT领域中所需要的创新精神。"

■■■

在帕萨利尼的职业生涯中,他曾花费了大量的时间与大家一起制定了一套严格的质量管理流程,因此,他在远见卓识方面已经远远地超过了一般的IT人员。

最近几年,出现了许多全新的"CIO+"这样的流行语,这些流行语指引着IT领导人员能力的提升,在某些领域对企业也产生了潜移默化的影响。

虽然很多人都佩戴着"CIO+"的荣誉徽章,但帕萨利尼这位真正的CIO对此却嗤之以鼻。"很坦率地讲,'CIO+'的定义既是一个自我实现的预言,也是一个消极的自我应验的预言,"他说道,"这意味着,即使你是一位真正的CIO也不能仅仅满足于此,而应该立志于做比这更多更重要的事情。"

帕萨利尼是一家上市公司董事会的少数在职CIO之一。根据他的情况,联合租赁公司(一家建设租赁设备提供商)于2009年将帕萨利尼选为董事会成员。目前,帕萨利尼在这家公司的三个委员会中都担任着相关的职位。

这很大程度上归功于他对自己的定位——商业领袖而非技术方面的万事通。这样定位的原因是,他多年来在各大洲进行着一线管理的工作,并长期在高层领导中占有一席之地。如果你问他最新的技术流行词是什么,他会给你一个别样的答案:"我认为任何技术都是'商品',除非我们找到一种行之有效的、与之匹配的具体的商业价值。"

这就是他与其他 CIO 精英们与众不同之处。在我们采访他的时候，他说道："如果我把自己当成一个技术领导者，我不认为我会有今天这样的谈话。"

从这个角度来说，也可以为今天的 IT 领导者提供一些建议。当他听到在 CIO 会议上的那些谈话并审视该职位的最新状况时，帕萨利尼坦言自己对一些问题感到有点疑惑，那就是未来的生存问题，"首先要知道我是谁？我要去哪里？我为什么会存在？这是对自己的一个首要定位，"帕萨利尼微笑着说道，"我从来没有听说过一位 CFO 或者首席营销官（CMO）问过自己这些问题。"

为了克服这些问题，帕萨利尼开的处方很简单：剥夺自己的权利。在某些细节问题中，忘记你所知道的关于你的技术背景，并专注做一名商人——作为一名商人，你要了解如何通过技术创造价值。

帕萨利尼考虑的事情事关全局，同时他也是一个很虚心的人。尽管他个人对公司以及我们这些消费者产生了重大影响，但他依然很谦逊。他将他的行政助理称为他的"天使"，他也时常邀请最亲密的朋友到家中共进晚餐，虽然他列举了他的企业里一系列的最新统计数据和指标，但他依然被认为是本书所提到的众多 CIO 精英中最为谦逊的一位。

Chapter 2

美国雷神公司 CIO：
火箭专家丽贝卡·罗兹

丽贝卡·罗兹（Rebecca Rhoads）是美国雷神公司（Raytheon Company）全球企业咨询服务部的负责人、副总裁兼 CIO。雷神公司总部设在马萨诸塞州的沃尔瑟姆，它是一家专门致力于国防、安全和民用市场的公司，在技术和创新方面都是行业的领导者。2012 年，雷神公司的销售额达 240 亿美元，在全球拥有 68 000 名员工。

罗兹于 2013 年 1 月被任命为雷神公司全球业务服务部的负责人。当时全球业务服务部采用了一种能创造卓越绩效及运营效果的服务集中化模型，该模型可以对企业的战略和服务进行一定的模拟，并可提供对应的解决方案。罗兹的工作涉及财务、采购、人力资源和信息技术服务领域，负责公共资源、方法、工具和支持系统的使用。

罗兹自 2001 年 4 月开始担任 CIO。任职期间，她向全球的公司高层提供了专业咨询和技术支持，负责 IT 战略规划、功能管理和流程优化以及公司人力管理等工作。IT 架构、系统、网络、投资、信息安全保护以及 IT 供应商关系管理等方面的工作都由罗兹亲自领导完成。罗兹将 IT 技术应用于销售、设计、建设、采购、配送等各个环节，对雷神公司所有的产品提供技术支持服务。

罗兹原是雷神公司电子系统业务部的副总裁，负责和 IT 有关的所有事务，包括广域信息系统的发展方向把控、部署实施等。在担任副总裁之前，她曾是工程部的负责人，主要负责测试系统的设计、系统的可靠性、安全性及产品有效性设计、产品工艺设计等。

罗兹在国防工业领域有超过 34 年的经验。1979 年，她入职通用动力公司，担任电气工程师一职，主要负责设计自动化测试系统的 RAM 和毒刺导弹计划。罗兹还在通用动力公司、休斯公司（Hughes）和雷神公司的

第 2 章
美国雷神公司 CIO：火箭专家丽贝卡·罗兹

Confessions of a Successful CIO

工程运营部担任过其他职务。罗兹也在波莫纳加州理工大学教授电气工程课程。

罗兹拥有航空航天工业协会会员、电子商务执行督导组督导、CIO 编委会委员、IBM 公司 CIO 咨询委员会委员、马萨诸塞州技术领导委员会委员、麻省理工学院信息系统研究中心发起人等多个头衔。

在 2012 ExecRank 评选的最佳女性 CIO 的前 50 强中，罗兹排名第六。在她的职业生涯中，她获奖无数，如美国企业百大影响力领袖奖、CIO 名人堂、最值得瞩目的女性奖、卓越女性奖、科技女杰 Top 50、波莫纳加州理工大学杰出校友等。2012 年 2 月她被 Boston.com 网站誉为波士顿最有影响力的科技女强人。

罗兹毕业于波莫纳加州理工大学，拥有电气工程学士和硕士学位，以及加州大学洛杉矶分校安德森商学院的 MBA 学位。

丽贝卡·罗兹刚刚到达位于美国亚利桑那州图森市的公司，就接到了丹·伯罕姆（Dan Burnham）的电话："你在办公室吗？"

罗兹是雷神公司电子系统业务部的 CIO，时任雷神公司 CEO 的丹·伯罕姆打电话来说有一些事情要找罗兹聊聊。

"嗯……我想你需要先坐下来。"伯罕姆说道。就像罗兹为我们描述的，在那一瞬间，她的大脑快速地思考着："我做了什么（不好的事情）吗？"

这一天正好是 2001 年 4 月的一个星期一。

四周鸦雀无声，时间仿佛突然停止了。罗兹有一种惴惴不安的感觉，在她的职业生涯中，类似的感觉并不多见，但这次她的确有这种感觉。

伯牢姆让罗兹来一趟位于马萨诸塞州莱克星顿的公司总部，他想跟她谈谈接任雷神公司下一任 CIO 的事情。作为一家市值数十亿美元的雷神公司的 IT 领导者，她已经习惯于职位的快速调动，但她不知道这次谈话之后她的职位变动会如此之快。

星期三她来到了莱克星顿，两天后的星期五，她就成为了全公司的 CIO。

■■■

2012 年，雷神公司的年销售额是 240 亿美元，在世界各地有 68 000 名员工，在年度世界 500 强公司中排名第 117 位。

该公司在航空航天领域和国防工业领域拥有悠久的历史。1969 年阿波罗 11 号登月时，其所使用的制导系统就是雷神公司的计算机系统。数百万的人在电视上看到尼尔·阿姆斯特朗（Neil Armstrong）在月球表面迈出了人类的第一步，这要感谢雷神公司的产品微波管，它将这些视频以无线电信号的形式传回地球。

另一个证明雷神公司实力的鲜活案例是在海湾战争期间，电视台的记者谈到伊拉克的飞毛腿导弹对以色列和沙特阿拉伯构成了威胁，但雷神公司的爱国者导弹在战争中对企图袭击这些国家的飞毛腿导弹成功地进行了一对一的拦截。

具有里程碑意义的创新一个接着一个。在罗兹担任 CIO 之前的几年里，在美国国防部的推动下，美国航空工业和国防工业领域已经进行了快速的整合。从 1995 年至 1997 年，雷神公司在国防和航空航天领域斥资约 130 亿美元，包括对克莱斯勒汽车公司（Chrysler Corporation）的国防电子产品部和飞机性能改进的投资、得州仪器公司（Texas Instruments）的国防和电子业务的投资、休斯电子公司（Hughes Electronics）国防和航空航天系统的投资以及通用汽车子公司的投资等。

通过出资收购一些小的竞争对手，并将其纳入到业务中来是一种常见的并购模式。然而，正如罗兹所说的，这些被并购的企业中也不乏有一些与雷神公司规模相当的企业，这些企业与雷神公司在企业文化、操作及运营系统等方面存在差

第 2 章
美国雷神公司 CIO：火箭专家丽贝卡·罗兹

异，并由此带来一些并购问题。雷神公司必须把这些问题处理好，将这些不同行业中的大部分非军事业务全部剥离出去。与此同时，这些收购也是雷神公司对未来下的一大赌注。

可以肯定的是，它们这些大胆的举措与当前的局势遥相呼应，也需要它们采取大胆的措施。公司高层领导在制定一体化战略时需要掌握所有的情况，从而形成罗兹所谓的"新雷神公司"。

尽管如此，该公司还面临着其他的挑战。不但雷神公司因那些并购而负债将近 130 亿美元，而且投资者也更焦急地等待行业所带来的回报。后来这些问题通过对企业的兼并重组才得以解决。

自从丽贝卡·罗兹上任以来，所有的压力就都集中在了她的身上，她不仅要推进雷神公司的新业务，同时还要控制公司的 IT 支出。她的岗位至关重要。

"在并购之后，我们的财务状况受到了很大的挑战。如果公司的业绩增长达不到 10%，那就表明我们做得并不好。我们需要公司领导具备前瞻性和高度的执行力。如果我们需要像站在硬币上一样去完成任务，那么我们就需要站在前端对 IT 进行改革，并将 IT 当作业务去运营。"

在罗兹担任公司 CIO 两年之后，威廉·斯旺森（William H. Swanson）成为了雷神公司的 CEO，他很快就提升了公司团队的士气，以应对未来的挑战。罗兹和斯旺森彼此早已非常熟知，罗兹之前就担任过斯旺森所负责部门的 CIO，基于这种信任关系，再加上罗兹在商业上敏锐的洞察力，斯旺森与其他高管就引入了一种全新的合作模式。

那么，罗兹是如何获得并加强商业敏锐洞察力的呢？下面我们就来讲一讲这个独特的故事。

■ ■ ■

CIO 非常稀缺。在所有公司的 C 级别高管中，IT 领导者似乎有着各种各样的背景：CFO 往往都有一个强大的金融教育背景或工作背景；CEO 往往会证明他们在多个业务线和战略领导角色中的价值，并具有超出那些普通 MBA 的能力。但与之不同的是，每位 CIO 所具备的背景往往都不一样。

作为最成熟的标准 C 级别高管——在 CIO 的整个任职期间，没有什么可供其参考的秘籍，也没有任何可参照的背景来供其预测未来的成功。也就是说，很难找到一个与罗兹的背景类似的 CIO，那是因为她是一位"火箭专家"。

罗兹在美国的第一份工作是在美国通用动力公司担任电气工程师，她在任职期间曾主导设计了三个主要导弹自动测试系统——标准导弹（舰载导弹）测试系统、毒刺导弹（便携式地对空导弹）测试系统及滚体导弹（红外制导地对空导弹）测试系统。

她在工程和制造业的多任务（如设计工程任务和质量体系工程任务）中轮番转换角色。之后罗兹获得了一个可以帮助其塑造业务和领导力的机会，罗兹被提名成为休斯飞机公司（Hughes Aircraft）导弹业务部的测试系统开发小组的负责人。

"在此期间，我们交付测试系统，并且有一套自己的商业模式——我们自己制造，自己加工，自己做后勤保障，自己做库存管理并低价出售，"她说，"我们拥有经营一家企业的所有要素。"

罗兹从中也学到了一些宝贵的经验并最终使她成为一名 IT 领导者。正如她所述，在航空航天工程领域，自变量和因变量具有非常明确的定义。但在 IT 领域，每个人都是一个自变量，"你不是拥有 68 000 名员工吗？这就意味着你拥有 68 000 个自变量。"她说道。

她对所谓的"商业科学"也颇为好奇。"商业科学"不仅关注如何强化对客户有利的工程管理、系统管理和技术管理，还关注对公司有利的事项。

通往 IT 领域的道路上，她遇到了让技术人员普遍感到畏惧的事件：计算机千

第 2 章
美国雷神公司 CIO：火箭专家丽贝卡·罗兹

禧年千年虫危机（Y2K）。如同各行业的 CIO 一样，罗兹看到整个私营企业在某种程度上存在一定的恐慌感，这种恐慌导致各企业分别采取不同的方式来应对各自的问题。罗兹知道雷神公司有可以交付的软件系统，既有商业软件也有资产管理软件。"可以说，在处理千年虫问题上，我表现得很不错，我说'让我们把自己当作系统工程师'，我们可以对公司进行全面的总体规划，并且就像我们知道如何去做那样去执行到位。"罗兹说。

当问及为什么她会被雷神公司选为 IT 领导者时，罗兹道出了个中缘由。虽然她的技术背景和雷神公司的业务相关起到了一定的作用，但她在应对千年虫危机时采取的测试系统发挥的作用更关键，再加上她拥有加州大学洛杉矶分校安德森商学院的 MBA 学位，更使其脱颖而出。

罗兹也明白，虽然她的那些经历不一定会帮助她实现公司的整合，也不一定能够解决公司转型中所面临的所有挑战，但这些经历对她能够担任 CIO 一职有极大的帮助，因为 CIO 只靠技术是解决不了问题的。

■ ■ ■

一走进雷神公司总部丽贝卡·罗兹的办公室（2003 年总部迁到马萨诸塞州的沃尔瑟姆），首先映入眼帘的就是在正前方的办公桌上摆放着的一张两个孩子微笑的照片，"这是我最喜欢的照片。"罗兹在采访过程中说道。

此外，在书柜的顶部放着十几张团队的照片，照片上的人物都是雷神公司这些年来的领导层。这些照片几乎占据了办公室的一面墙壁。

"那是一个充满挑战的时期，我从他们身上学到了很多的东西，那时候还没有人来专门做这些事情，也没有一套现成的策略来应对这些事情，后来斯旺森组建了一个团队，这个团队在后来的数年里做了很多有意义的事情，我们也曾和他们一起并肩作战过。"罗兹说道。

与本书中的其他 CIO 一样，罗兹对企业的领导团队非常尊重，斯旺森参与了企业所有的大规模兼并重组，也为公司带来了盈利。后来他们又针对 IT 制定了对公司未来 10 年发展有益的重大举措，那就是基于 IT 建立一个共同的协作平台，以实现整个公司的协作办公。

据罗兹回忆，由于起初收购了不少大公司，雷神公司并没有一个相应的协作平台，也没有一套完整的 IT 基础架构，但是"新雷神公司"肯定会有，而且它们也会从底层打通各个公司的办公环境，构建起一套全新的协作平台。

后来它们开始重点打造公司的企业资源计划（Enterprise Resource Planning，ERP）项目，据罗兹所述，与大家所知道的情况类似，打造 ERP 项目的过程极其艰难。

虽然过程非常复杂，但对于一家没有 ERP 项目的公司来说，从零做起也是非常不错的，最起码不用再去整理那些旧有的系统数据。如果企业要上 ERP 项目，那许多 CIO 和 IT 专家就摊上了苦差事，肯定会面临相当大的困难和成本压力，因为打造 ERP 项目需要把那几家被收购的公司分析透彻。这一过程不会让罗兹及其团队轻松愉悦，因为这其中相互依存的复杂程度令人震惊。

与其一上来就从技术上解决这些问题，倒不如先花时间对所收购的公司的原有不同部门及其业务流程进行深入调研。罗兹提议的这一方案完全获得了雷神公司 CEO 及其领导团队战友般的大力支持和极大信任。

"我们可以先从公司常见的流程入手，"罗兹说道，"而不是去外面购买现成的 IT 系统及 IT 解决方案，我们可以先从业务的角度去分析这些原有流程，然后让 IT 组织与各方面形成合作关系，从而在流程梳理的过程中达成业务转型。"她还解释说，所有这些设想能够予以实施，完全仰仗于 CEO 斯旺森的鼎力支持。

由此可见，企业的愿景就是要建立一种全新的商业模式，它不仅能带来立竿见影的效果，还能带来长期的回报。我们要从长远的角度去考虑，要实现长期可持续的发展。

第 2 章
美国雷神公司 CIO：火箭专家丽贝卡·罗兹

后来雷神公司开始与金融机构合作，这是它们对自己的一次测试，同时也是公司下的一个大赌注——将公司的未来压在这个单一的协作平台上。

∎∎∎

雷神公司要建立自己的 ERP 系统，这并不奇怪。因为雷神公司长期以来一直倡导突破与创新，建立 ERP 系统的决定正沿袭了公司的这一优良传统。

然而罗兹却与其他优秀的 IT 领导者一样选择了另辟蹊径。罗兹说道："这无关技术，因为雷神公司可以利用任何一套技术来完成它，况且所有的这些技术在市面上都可以买得到，我们在这方面并不是独一无二的，而是要看你如何从底层架构上去设计部署它，如何从架构上对业务模式进行优化。"

当然，最终无论怎么做都需要涉及相应的技术，然而要保证其产生的影响是深远的，就需要罗兹所做的每一个决定都具有前瞻性，并且这些技术要在未来具有可用性。

在财务方面，公司总 CFO 与部门 CFO 都会以企业总使命为己任，而且有一套行之有效的能使企业高效运营的想法。罗兹承认，他们起初的几次尝试都"非常痛苦"，但是大家都知道其中的利害关系，所以仍会迎头而上，勇往直前。

罗兹及其团队也慢慢地对财务部的愿景有了清晰的认识，于是他们深入地研究合同管理、探索供应库及其管理方式、制订了一套能满足自己发展目标的财务开放计划。

每项创新工作所带来的巨大发展都会对整个企业产生积极的影响。在对财务系统进行大刀阔斧的改革之前，财务审查工作需要花费 20 多天的时间。在罗兹团队与财务部门的共同努力下，财务审查的时间缩短为了两天。罗兹说道："你看，现在你可以腾出更多的时间去做财务报表的分析了。"

这只是罗兹利用其领导力来优化企业流程、赢得良好效果的案例之一。这意味着，在一个协作平台上能够在更大范围内获得效益。

当罗兹完成了对财务流程的优化后，雷神公司领导团队开始深入到合同管理、生产制造管理、供应链管理、IT 设计及合作领域。

一路走来，罗兹收获颇丰。她也从中学到，在业务转型的过程中，每一位 CIO 不但需要激情满满，而且要咬紧牙关，忍受各种压力。她将其称之为"不忘初心"。

在长期的转型改革过程中，肯定会出现很多的问题。首先业务转型非常不易，期间会遇到各种问题与挫折，但最大的问题可能是团队人员的变动，尤其是高管的退休、各部门领导的变动以及 IT 部内部人员的更迭。

所以现在很多 CIO 希望能与业务部门合作，由业务部门来完成大型软件的采购或系统的修复工作。但对于转型期长达 10 年之久的雷神公司来说，罗兹明白项目的批准只是这漫长的转型期的序曲。

也有一些 CIO 会将转型工作在两三年内搞定。他们快速地着手并完成此工作，然后开始下一个项目。这些 CIO 往往在胜利还没到来之前就开始提前庆祝了。

"当你完成任务的时候，你可能会说'看，两年转型期计划不错吧，咱们庆祝一下吧'，"罗兹说道，"这也许适用于某些公司，但是我更倾向于把这当作短期的计划，而不是长远的打算。"

罗兹及其同事们都希望能够放长线钓大鱼。当然，他们会将所收购公司的原有平台统一整合起来。许多公司也都在这么做，但到最后却难以抉择到底应该留下哪个平台。"将公司的业务整合到一个平台上"，这一决定是他们早期的尝试，他们不会放弃。

这就意味着他们需要不断地向每位员工灌输企业的愿景，让每一个人都将精力集中到前方漫漫的长路上。从愿景诞生之日起，不管个别领导是否到岗，都必须得让每个人全身心地将精力投入到企业的愿景中去。

罗兹还说道："你必须要对你的价值主张充满激情，自始至终这种激情都不应消退。并不是所有人都能做到对一件事情百听不厌，但是你得做到。始终保持初心对我们来说是很宝贵的品质，尤其是在最难熬的日子里。"

2013 年秋天，正值罗兹担任企业总部 CIO 的第 13 个年头，也是她和斯旺森合作 10 多年的时间（罗兹还曾在斯旺森的公司里担任过几年 CIO）。罗兹坦言，他们之间的这种合作在帮助其扩大影响力、推动投资回报及强化总价值主张方面起到了关键的作用。

协作平台战略的成功为企业带来的好处涉及方方面面，罗兹说道："成功的内部战略是企业取得成功的关键要素，我们从这里可以看出，战略也可以成为企业竞争的优势。投资机构也会对我们的公司充满信心，虽然客户是冲企业而来的，但从企业所提供的产品和服务以及运营公司的方式中，他们能够看到企业为追求创新、追求卓越而付出的不懈努力，这一点更为重要。"

罗兹认为，除了传统的 IT 指标外，衡量企业利益的方式还有很多。比如，雷神公司就在运营资本的大幅削减、现金管理政策、供应商管理政策及其他重要业务流程的大力改善方面取得了显著的成效。

在公司的总节省资金和收益方面，只有 30% 来自 IT，其余的 70% 来自业务本身——通过流程驱动的协作平台战略实现了效率的提高及企业的转型。

十几年来，罗兹及其团队在打造全新雷神公司的路上摸爬滚打，其 IT 支出额占销售收入的比重降低了 20%。

但有一指标令她非常自豪，即股东总回报率。在 2013 年 7 月的一次采访中，她展示了公司整合 12 年来的发展曲线图，向我们解释了公司的股东总回报率。12 年以来，总回报率上涨了 170%（结合股价升值以及股息再投资来计算），只有在 2008 年至 2009 年经济衰退的那一段时间内，股东总回报率出现了短暂的下跌。

正如罗兹所言，第一次尝试对公司进行大规模改革确实困难重重。现在回想起来，当时不仅要说服她的团队，还要说服公司上上下下的各个部门。确实，虽然 CEO 和董事会的愿景美好且不可违背，但现实却是骨感的。

当罗兹向其他部门推荐协作平台计划的时候，经常会被问到："这是工程上才会用到的，为什么我们必须使用这套系统？"当企业引进新的系统或流程的时候，出现这种反应是很正常的。罗兹承认这时候常常会需要做些人事的调整。

罗兹说："你需要一支共筑同一愿景的团队，同时团队的每个成员也必须把这个愿景内化。当团队成员和你一起来达成这个愿景的时候，你的愿景基本上就可以实现了。如果没有人，你的愿景肯定实现不了。"

当罗兹被问及变革管理或文化冲突是否像一堵墙的时候，她停顿了一下，但她接下来的回答将她的领导风范及面临挑战时的处理方法体现得淋漓尽致。她说："其实我也不知道当时是否就像面临一堵墙一样，也许是，但我却不这么认为，所以我要努力克服这些困难。"

接着，罗兹再次强调了与雷神公司高层领导搞好关系的重要性。她也认为技术团队必须要去掉从技术出发的思维，转而从业务的角度与业务部门进行合作。在技术领域，罗兹及其团队绝对可以力挽狂澜，但是一旦团队所用的战略与其他部门产生冲突，它们之间就会产生隔阂。

这一切又回到了原点。雷神公司根据客户的需求（而非 IT 需求）建立了一套完整的流程管理体系。公司会根据这些需求来寻找合适的解决方案，然后再决定是否要投入资金。

如果决定投资，那么公司还会审核其设计是否合理。在项目部署之前，公司会进行评估审核，随后才确定支持模式是否上线实施。

罗兹说，这一套方法是雷神公司沿袭下来的传统——罗兹及其团队欣然接受，而且颇为奏效。到目前为止,他们已经持续此传统 10 年之久,并且会根据不同的需求来对业务模式进行调整。由于整个公司团结一致,愿景相同,所以在企业发展的过程中,大家都在努力寻找自己需要改进的地方,以适应企业的发展要求,并及时做出调整。

罗兹和她的技术团队不再是一个被孤立的部门了,他们也不再被当作成本中心或者只提供服务的部门,他们现在已经逐渐成为了蓬勃发展的雷神公司的核心部门。他们会把精力放在更加重要的事情上。

■ ■ ■

2013 年,雷神公司的领导层决定要进行一场大变革,其中的两项改革已付诸实践,这让雷神公司进入了下一个时代。

2013 年 1 月,雷神公司将某些业务合并到了一个名为全球业务服务部的部门。斯旺森委派罗兹担任这个部门的领导。公司通过广泛应用这一成熟的策略——从公司的财务部、供应链管理部、人力资源部和 IT 部开始,实现了公司效率的提升,全球业务服务部就是在这一基础上应运而生的。罗兹说:"我们经常问自己,我们还能再拿出什么样的策略,让公司更上一层楼呢?我们认为,我们全球业务服务部的运营模式至少在未来的五年、甚至十年内都具有绝对的优势。"

2013 年 4 月 1 日,雷神公司将原有的六大系统合并为四个,分别是综合防御系统、导弹系统、空间与机载系统,以及智能、信息与服务系统。在雷神公司的一份声明中,这一举动的初衷被总结为"精简运营,提高效率,以更贴近客户需求"。雷神公司还表示,这次兼并重组不会大量裁员,却能为公司节省大约 8500 万美元的成本。

从某种角度来讲,这场巨变可能标志着这家市值 240 亿美元的公司在十多年的重大改革中进入了一个高潮,但罗兹却不这么认为。

"革命尚未成功。"当说到雷神公司的整合时,罗兹一遍遍地提到这句话。这是一个长期的持续改进计划，不能就此偃旗息鼓。

她寻找着每一处需要改进的地方。企业风险管理完成了吗？是的。传统基础架构的调整完成了吗？是的。内部信息安全控制完成了吗？是的。有效的管理模式构建完成了吗？是的。

罗兹还说道："我们必须要对产品线和项目进行最后的调整和重新配置吗？答案是肯定的。我们会根据正确的决策不断进行调整，而正确决策的制定可能会需要一定的时间。当这四个系统需要对产品线进行调整时，我们会及时跟进。而当业务决策确定好后，我们也会整装待发。"

雷神公司希望协作平台战略以及高层领导的协作方式能够得到持续发展，而不是原地踏步。罗兹觉得全球业务服务部就是一个典型的例子。她希望高级领导们能够从管理的角度看问题。罗兹及其团队也希望这些高级领导能大胆提出自己的倡议，但他们也知道需要为这些领导们提供正确的信息，以便帮助他们做出正确的决策。

这就意味着他们要说商业语言，如果说 IT 语言，大家可能会对决策流程不明所以。IT 专业人员内部可能会不耐烦地抱怨："我们都知道我们要做的事情！"但是正如罗兹所言，这样做就意味着你很可能还不明白业务部门要让你做什么。

管理层还是一如既往地给予罗兹支持，并与其保持良好沟通，罗兹将其称为"持久力"。这帮助她和她的团队完成了所做的事情。这些管理人员与她携手一起不断寻找不足之处。他们改善了原有的管理模式了吗？答案往往是肯定的。他们的直接参与让原有模式的调整工作更加快捷、更加高效。

■ ■ ■

当罗兹重回马萨诸塞州出任企业 CIO 的时候，她时刻提醒着自己"保持冷静"，这并不是在简单地重复着上级指令，而是她明白即将进入的这个世界"诱惑太大"，几乎要吞噬了她的时间和能力。

在她担任雷神公司 CIO 期间，她有时觉得自己能够做得更多、更快。当她向斯旺森提起这一点，或者对某些事情表现出哪怕一丁点的犹豫时，斯旺森就会给她敲下警钟。

"他会提醒你，当你拼命向前，坚持改变的时候，你就应该知道总会有起起落落，"罗兹引用了斯旺森最喜欢的一句话，"不要放慢速度，也不要失去信心。把你的注意力集中在你的出发点上。"

俗话说得好——"希望常在"，所以继续努力吧！作为一名 CIO，有幸能与 CEO 长期并肩作战并相互勉励也是一件非常不错的事情。

现在当罗兹与年轻工程师或 IT 人员交谈时，她会告诉他们要保持冷静。即使你对现在的职位或工作不满，也不要失去信心。"让你从事那份工作的人都对你充满了信心，他们会让你承担很多，"罗兹表示，"也许他们正在锻炼你，让你竭尽所能，但他们没有失去信心。你必须要认识到这一路会很艰难，甚至会毫无章法——不要想你看不清楚的事情，你需要做的就是看清自己。"

她知道需要在什么时候倾其所有。这位"火箭科学家"已经在职 13 余载，经手 3500 多个传统系统，却依然在加速前进。

Chapter 3

DHL 公司 CIO：
修复员史蒂夫·班德罗亚克

史蒂夫·班德罗亚克（Steve Bandrowczak）现任惠普公司全球业务服务部高级副总裁。

史蒂夫·班德罗亚克主要负责推动全球业务服务部的业务转型工作。惠普公司全球业务服务部采取的是"打赢"策略，这一策略的主要目的是建立远大的战略目标，建立一套清晰、实用的企业战略。在商战中，这一策略会明确地告诉你往哪儿打，怎么打。班德罗亚克也是业务流程操作（Business Process Operations，BPO）的领导者，这一职位需要他将人、设备、技术和流程完美地结合起来，以促进业务的发展。

在进入全球业务服务部之前，班德罗亚克曾担任企业IT服务部的副总裁兼CIO。任职期间，史蒂夫带领IT团队与企业服务集团达成战略合作伙伴关系，利用技术促进了公司的业务增长。

史蒂夫在IT领域拥有30多年的丰富经验。他曾在多家市值数十亿美元的全球企业担任高级IT领导者职位，包括亚美亚（Avaya）公司、北电（Nortel）公司、联想集团、敦豪航空货运公司（DHL）及SAP咨询公司等。史蒂夫是一位成绩斐然的以结果为导向的领导者，也是一位杰出的技术改革领导者。他出色的技术领导能力促进了企业的长足发展，提高了企业的竞争力，增加了企业的利润。

2004年，史蒂夫被《计算机世界》（Computerworld）评选为百强CIO之一。

史蒂夫毕业于纽约长岛大学，拥有计算机科学与技术专业学士学位，现生活在加利福尼亚州帕罗奥多市。

第 3 章
DHL 公司 CIO：修复员史蒂夫·班德罗亚克

电话铃响了。

会是谁的来电呢？史蒂夫·班德罗亚克作为 DHL 公司的 CIO，在上任后的第一周内常常与新同事进行沟通，不断地汲取这一全球航运巨头的行业信息。

班德罗亚克能够支配的预算金额高达 20 亿美元，DHL 公司在全球 220 个国家拥有超过 22 万的用户。班德罗亚克将他的这份工作称之为"CIO 的可卡因"。他曾与柯林·鲍威尔（Colin Powell）共进晚餐，也曾受到过王子、参议员和总理的接见，他可以随时与比尔·盖茨及其他高级 CEO 通话。

但来电之人并非上述人等，而是纽约肯尼迪国际机场的运营高级副总裁（以下简称为 SVP）。

班德罗亚克：你好，我是史蒂夫·班德罗亚克。

SVP：请问你是 DHL 公司的新任 CIO 吗？我这里有一件重要的事情，需要你尽快来一趟。

这个问题既简单又复杂。任何一架 DHL 公司的飞机从境外着陆美国机场之前，所有的货物都需要进行电子清关。也就是说货物的所有信息（包括从哪里来、要运往哪里去、包裹的重量和形状等）都需要清楚详细地记录好。进行了清关后，飞机才允许进入 DHL 公司的机库。随后工作人员就会有序地进行卸货、分拣，飞机也会返回起点。整个过程可能需要花费长达四个小时的时间。

工作虽简单，但花费的时间漫长。

但如果哪怕只有一件货物未清关，那后果将会如何呢？工作人员就必须进入飞机，找出这件货物，然后拿出来再进行清关。如果 DHL 公司所使用的系统发生异常，那么所有的货物就都无法清关。我们以一架载有 45 000 个包裹的飞机为例，想象一下，如果人工分拣这些货物会花费多长时间。而且海关官员——一个不讨喜的角色还会全程监控此过程。

班德罗亚克说："他们并不想这样大费周折，他们想轻松些。"

因此，班德罗亚克打电话问运营负责人发生了什么，运营负责人告诉他一切正常。但作为一名拥有 10 年经验的资深 CIO，班德罗亚克知道事实可能并非如此简单。于是他打电话给告诉这位 SVP，他会在第二天凌晨四点 DHL 公司的首班航班到达的时候亲临机场。

那天凌晨，班德罗亚克与 SVP 等了不下 20 趟航班。当 DHL 公司的飞机到达机场后，公司的检测仪不工作了。班德罗亚克说："可想而知，由于仪器的问题，几百人都处于停工状态。虽然飞机已经到达，但是一件包裹都清不了关。"

紧接着肯尼迪国际机场的海关官员要见他们。班德罗亚克从机场大厅来到海关办公室，迎接他的是一位身材魁梧、语言粗暴的官员，该官员直截了当地问道："你就是 DHL 公司的系统负责人吗？"班德罗亚克回答："是的。"该官员紧接着又说道："后面有你好看的。"对于大多数 CIO 或企业领导来说，听到这句话可能会感到害怕，班德罗亚克却很镇定。

■ ■ ■

在 20 余载的 CIO 生涯中，史蒂夫·班德罗亚克处理过很多这样棘手的案件。在入职 DHL 公司前，他曾经在安富利集团担任了 10 年的 CIO。在这 10 年中，这家电子元器件公司收购了不下 40 家不同规模的企业——也就意味着班德罗亚克平均每个季度都要收购一家新的公司。

后来他又在 DHL 公司任职七年。接着又加入了联想集团担任 CIO，主要负责 IBM PC 业务的整合工作，2005 年联想集团以 110 亿美元收购了 IBM PC 业务。随后他又来到了北电公司，在这里班德罗亚克从 CIO 变成了企业销售总监。北电公司的企业服务部被亚美亚公司收购后，班德罗亚克也跟着成为了其旗下数据解决方案业务部的总监。2012 年年中，班德罗亚克加入了惠普公司，担任企业服务部 CIO 一职。2013 年 10 月，他晋升为高级副总裁，负责公司的全球业务服务部。

然而这一切都来之不易。班德罗亚克出生于纽约皇后区肯尼迪国际机场北部的南奥松公园社区。他从小家境贫寒，后来搬到距此25英里[①]的纽约科帕格居住，这里是长岛中产阶级的聚集区，鱼龙混杂。

他12岁就开始参加工作，16岁就在当地一家熟食店每周工作40个小时，17岁进入一家重型建筑公司，在这里一干就是10年。"如果你在一个文化多元的贫困环境中长大，那么很多东西就会让你变得更坚强、更有韧性。"班德罗亚克说。

后来，一位从事技术工作的朋友向班德罗亚克介绍说格鲁曼数据系统研究所开设了为期六个月的操作课程。在完成所有的课程后，班德罗亚克在当地一家电子公司找到了一份夜班工作。后来他又回到格鲁曼数据系统研究所继续学习汇编语言、COBOL语言和Fortran语言。同时他还在业余时间攻读了准学士和学士学位——每晚只睡区区几个小时。后面的故事就众所周知了。

当他面临肯尼迪国际机场的棘手状况时，他发现在纽约的这段成长经历真是太宝贵了。

当班德罗亚克告诉那位身材魁梧、言语粗暴的海关官员事情会在一周内解决时，该官员表示这位CIO肯定不是来自亚利桑那州，即DHL公司美国总部所在地，否则的话，他一定知道这件事情的难度。在听到班德罗亚克说他成长于纽约时，这位官员松了一口气。

经检查发现，由于DHL公司的软件故障导致无法检测到异常的测试仪，他们需要重新设计和部署射频天线。一周后，问题迎刃而解，而且这个问题在之后的一段时间内再也没有出现过。这下那位海关官员算是见识了班德罗亚克的实力，后来他们也成为了要好的朋友。

英雄不问出身。班德罗亚克拥有发现问题、积极寻找应对措施，以及严格控制解决问题的时间的能力，他正是凭借自己雄厚的实力才取得了理想的成果。他解释说："当你看到某些问题并愿意在这问题上花费足够多的时间时，你就会得到

---

① 1英里≈1.609千米。——译者注

一种灵感。我曾说过多次，CIO 需要了解业务，但是当你真正地接触业务的时候，你才会了解如何让系统和流程来影响业务，如何改善业务人员的生活。"

当班德罗亚克在 DHL 公司面临艰难挑战的时候——事实上这是他整个职业生涯中最难熬的日子，他以前所经历的一切帮了大忙。

■■■

正当班德罗亚克认真地处理着肯尼迪国际机场的困境时，DHL 公司也在解决另一件事情——公司每年的亏损额达到了 10 亿美元，它们要想办法。

作为德国邮政集团下属的一个部门，DHL 公司已由最初的个人邮政服务逐渐成长为一家世界上规模最大的国际快递企业。德国邮政集团由阿德里安·戴尔斯（Adrian Dalsey）、拉里·希尔布洛姆（Larry Hillblom）和罗伯特·琳恩（Robert Lynn）在 1969 年共同创建，之后不断地在全球范围内扩张，并于 2001 年由德国邮政集团接手。

DHL 公司的名称来源于三位创始人姓名的首字母。虽然创始人已经将公司打造成了一家强大的国际货运企业，但它也有自身的短板。

班德罗亚克刚加入 DHL 公司时，其采用的仍是传统的夜间航运模式。而它主要的竞争对手联邦快递和 UPS 国际快递已经推出了新的业务，比如地面运输和次日递送，这与之前的业务具有相同的服务水平但成本却低得多。这也说明除了夜间运输外，物流企业有了新的选择。联邦快递和 UPS 国际快递推行的这种新模式好处多多，各企业都非常愿意采用。

班德罗亚克说："其实货运行业能够提供的服务丰富多样，但 DHL 公司却没有。"如果 DHL 公司想生存下去，那么它们就必须让服务多样化。

这是牵扯到整个公司生死存亡的一个大问题。当然，DHL 公司的 IT 部自身也存在问题。

据班德罗亚克介绍，他刚上任的时候，IT 部的交付表现简直"糟糕透顶"——

系统不稳定，网络不稳定，七成的 IT 项目预算超支，而且项目交付还出现延迟。

公司糟糕的财务状况引发了一系列的问题。班德罗亚克说："因为缺钱，IT 部只能苦苦支撑。我们无法投资项目。连最基本的项目都无法完成，就更别说投资重点业务和项目了。"

员工们也变得焦躁不安。DHL 公司宣布将关闭所有数据中心并在吉隆坡和亚利桑那州斯科茨代尔两地集中管理，而后者的数据中心尚未建成。"这一决定让 IT 部员工士气锐减。"班德罗亚克如是说。

尽管公司问题重重，但是班德罗亚克依然决定要起到带头作用，推出新的货运服务。然而项目实施所要做的准备工作已让他们头痛不已。为了完成任务，班德罗亚克和他的同事们必须找到一种新的方法来处理这些包裹，他们需要新的卡车，需要制定新的地面运输流程体系，需要新的分拣系统和新的网络服务，等等。"简单地说，项目实施所需要的一切都必须基于 IT 来完成，但是每次参加会议讨论的时候，那损失的 10 亿美元都是不可避免的话题。"班德罗亚克说道。

■ ■ ■

大多数 IT 企业都非常重视流程，做一切事情（从系统开发到系统升级）都自有章法，而 IT 领导者则负责控制、管理和修改这些流程。

换句话说，这就是规矩。在严格的企业中，规矩即真理，一旦打破，后果自负。但也有另一种说法，就像麦克阿瑟将军曾经说过的："规矩是用来打破的，而规则也往往是懒人的避难所。"

班德罗亚克可一点都不懒。他参加马拉松比赛；他负责哥伦比亚大学管理硕士生的 IT 管理项目和劳动力服务机构的 IT 培训项目；他有很好的工作和生活习惯——每天凌晨四点半就起床开始一天的工作。

虽然班德罗亚克已意识到了流程及管理的重要性，但 10 亿美元的亏损是横在他面前的一座大山。

班德罗亚克很快就明白了他不能带领现有的团队一起实施项目。所以他与销售总监兰迪·克拉克（Randy Clark）和运营总监弗雷德·贝尔哲斯（Fred Beljaars）携手制订了一个计划。这三位同病相怜，都面临着同样的企业危机，在新项目的实施中也遇到了同样的困难。

因此，他们决定联合打破原有的规则。

于是班德罗亚克从 IT 团队中抽调出最优秀的人员、选择最佳的流程、最优秀的技能、最合理的系统开发生命周期（SDLC）进行设计，然后创建了一支自称为"流氓组织"的团队，"这支队伍中的每个人都非常令人讨厌，因为他们正在打破所有的规则，他们不受公司原有规章制度的约束，不属于任何一个组织，而且还不遵守原有的流程秩序，"班德罗亚克说道，"这是一个经我授权成立的'流氓组织'，我不担心打破原有的规则。不管付出多大的代价，我们都必须这样做。"

克拉克和贝尔哲斯也做了同样的事情，他们让整个团队聚在会议室制定出一个可实现的长远目标：在一周之内向高管们阐述如何能在 90 天内推行地面和次日货运业务。根据班德罗亚克所述，所有的一切都摆在了台面上，无论团队需要什么样的支持，他们都可以给予，包括各种资源、新系统等，但唯有一件事未达成协同，即 90 天的时间限制。

在 90 天之内会发生很多的事情。譬如，上市公司的季度报表会完成，季节也会发生更迭，人也会长大一点点，等等。

对于班德罗亚克和他的团队来说，这将是一个非常艰难的决定。他的团队还从未在这样的项目中锻炼过，他们也不知道自己到底能不能扛得住这种压力。

但是他们别无选择。

Terra 项目就是在这种情况下在斯科茨代尔诞生的。团队成员们决定破釜沉舟。

第 3 章
DHL 公司 CIO：修复员史蒂夫·班德罗亚克

"燃烧的平台"（burning platform）已经成为了企业改革和改革管理中常用的词汇。这一词汇与 DHL 公司的经历——班德罗亚克的团队所经受的挑战休戚相关。

90 天的时间限制给大家出了个大难题。由此产生的后果和反应同样让人头痛不已。

这一消息会被广泛传播，一旦被刊登在《华尔街日报》的封面上，很多人就等着在 90 天之后看好戏。如果 DHL 公司没能在 90 天之内实现既有的目标，那接下来的报道也不会好到哪里去。这不但会对企业的公共关系造成致命的打击，还会对金融市场产生负面的影响。

如果他们在 90 天之内拿出的方案不理想，后果同样也是不堪设想。事实上，UPS 国际快递和联邦快递正等着 DHL 公司失败，这样它们就可以抢占 DHL 公司的客户。现在你知道什么叫"孤注一掷"了吧。

虽然 DHL 公司在欧洲已经开展了地面和次日货运的业务，但班德罗亚克及其团队决定从零做起。在欧洲，各国之间的交通法律法规异常复杂。而在美国，他们必须要遵循北美自由贸易协定（加拿大、墨西哥、美国和欧洲大陆之间签订的协定）。对于 DHL 公司而言，美国的新项目八成以上都是全新的。

毫无疑问，这一新项目也会涉及许多与技术相关的问题。比如，DHL 公司 IT 部平时的用户验收测试时间是 45 天，而这次它们的整个项目周期也才 90 天，所以它们不得不将验收测试流程控制在两周之内。更可怕的是，它们必须在仅仅一个周末的时间里，将新软件安装到 40 000 台检测仪器中并完成测试。

班德罗亚克在项目启动之前也曾质疑过他的团队的实力，但是紧迫的时间压力让他不敢多想。班德罗亚克说道："真是屋漏偏逢连夜雨。这支团队根本无法做到妙手回春，这些使用了 10 年之久的应用可能连六成都保留不下来。"

班德罗亚克审核 Terra 项目的最初流程时，其团队成员的回答简直让他绝望透顶。团队成员对他们讨论的一切事宜都给出了否定的答案。

如果你了解班德罗亚克，你就会知道他是一位直截了当的高管。他说："这不是我想要的答案。请直接告诉我们需要如何取舍，我们如何才能办到？"

班德罗亚克加入 DHL 公司前不久，荣·凯夫（Ron Kifer）刚准备创立一个新的项目管理办公室（PMO）。正如 IT 部需要全面修整一样，DHL 公司还没有成熟的项目管理办公室战略规划。虽然整个团队实施内包策略，但作为一家全球性的大公司，它们缺乏专业的项目管理规定。在班德罗亚克刚来公司的时候，凯夫就说过，公司项目的交付率大约在 40% 左右。

但公司已经急不可待，凯夫与班德罗亚克不得不将能力建设与 Terra 项目并行进行。随着新业务的推出，他们一方面要建立斯科茨代尔数据"超级中心"（凯夫这样称呼它），另一方面要将公司总部从旧金山中心迁到佛罗里达州。为了推动地面业务运营，DHL 公司收购了空运特快公司（Airborne Express），于是它们还要着手处理空运特快公司的整合工作。

"这是我工作 40 年以来参与过的最紧张、规模最大的企业转型项目。"凯夫说道。

当务之急是要建立一套必需的交付机制。于是凯夫他们建立了一套企业管理服务模型，将非核心事务交由合作伙伴来完成，这样他们就可以腾出手来做核心的高价值项目。另外，他们还专门聘请了一批招聘专员来引进顶尖的人才，从而保证他们在项目初期就可以找到数百名合适的人才。

这一切都是在 DHL 公司复杂的文化背景下完成的，凯夫认为这是他所经历过的最有冲击性的一种文化。DHL 公司最独特之处在于它对改革的看法。虽然很多大企业都提倡改革，但 DHL 公司的改革步伐迈得太大，其他职能部门只能努力跟进。凯夫与班德罗亚克在这场改革中打头阵。

班德罗亚克和凯夫所面临的任务复杂多变，但他们也不知道具体哪些危机会决定 Terra 项目的命运。据凯夫回忆，其中最大的障碍来自业务端，最让他们头痛的工作也是业务规划及执行。以在辛辛那提安装的全新分拣设备为例。IT 及项目团队根据全新的分拣要求增加了所需的技术性能，然而业务方却让未受过训练、毫无准备的合同工来操作新设备。公司为了修复这个问题而让货物耽搁了好几日。

凯夫说道："对于日常工作中出现的这一问题，我们早就发出过警告，然而收效甚微。我们对此也束手无策，这让我们非常受挫，尤其在 IT 方的工作已取得成功后。"

■■■

天时、地利、人和是任何项目获得成功的关键。事无完事，项目进行的过程中总会有许多变数。然而人的因素最不能忽视，你不仅需要理想的员工，还需要理想的领导者。

凯夫在隐退前曾担任过应用材料公司的 CIO，后又复出加入惠普公司的全球 IT 部担任副总裁一职，他说道："在推动日程方面，班德罗亚克显然是一个特立独行的存在。他是业务流程和方法论的支持者，但他却是绕过流程和方法论做事并取得业务成果的第一人。与此同时，他也会让团队成员对业务流程进行升级改造，从而解决长期存在的问题。为了保证自己的业务成效，班德罗亚克不允许官僚主义和官场政治掺杂其中。他最终大获成功。"

班德罗亚克的领导风格和战略观点大多都是在 Terra 项目中逐渐形成的。这主要归结于两点：一是要拥有愿景，二是要拥有强有力的执行力。

他还说："首先，优秀的领导者要具有无限的能量去影响别人，同时他们还应具备将复杂的任务浓缩成一个简单明了的愿景的能力。对于一位成功的领导人来说，必须要拥有一个明确的愿景，哪怕将来这种愿景会淡化或者发生改变，也必须拥有它。"美国前总统老乔治·布什被誉为现代总统史上最具智慧的一位外交政治思想家。他在第一次竞选总统的时候就淡化了自己的意愿。当时有朋友劝他要突出自己的执政方针，而他却不屑一顾："哦，愿景这个东西。"后来这句话也被广泛流传。

班德罗亚克也承认要想设定一个明确的、富有远见的愿景并非易事。不管你掌握了多少信息，你都无法预测未来。但是作为一家企业的领导者，在未来不明朗时，你必须要制订一个计划，让团队成员拧成一股绳，以获得最好的结果。"如果你设定了正确的愿景，并把它简化，让大家更容易理解这个愿景，并为之赋予能量，那么大家就会找到合适的方法来实现它，"班德罗亚克说，"这也是我的领导风格。在惠普公司，我们有很多事情不知道如何着手，但是如果你对此设定了一个愿景，并为此创造一个成功的氛围，那么就有可能发生奇迹。"

当谈到项目领导力时，许多高管们可能都会犯同样的错误——他们认为严格的 PMO 政策能防范风险的发生，能确保最后的成功交付。与设定愿景一样，政策的设定也并不简单。每一个项目都有其自身的复杂性，不同的合作伙伴都希望项目按照自己的期望发展，并且他们对流程和项目获得成功的定义也不尽相同。

作为 IT 领导者，他们要根据不同的需求及要求灵活地做出调整。班德罗亚克曾在多家公司经历过无数挑战，他提出了领导人员的另一项必备技能——应变能力。他说道："有时候你需要像巴顿将军一样果断勇敢，有时候你需要像甘地一样和蔼可亲。每个项目都不一样。对于项目的成功，没有一个放之四海而皆准的法则。但是在每一个项目中，我们都必须要知道如何激励员工，如何激发能量，如何设立终极愿景以及如何确保每个人都能在自己的岗位上发挥出应有的作用，对于这些问题，确实具有一些一成不变的法则。"

其实这些能力都是在做项目的过程中被逼出来的，这不容忽视。班德罗亚克认为，若不是遭遇了如此巨大的财务危机，公司一般是不会进行大刀阔斧地改革的，但是也不尽然。他说道："优秀的公司大都会未雨绸缪，而有些公司却不会，有时候看似要大动干戈的时候，它们却按兵不动。"

班德罗亚克及其同事并未将某一系统是否完成或是否从特定合作伙伴手中拿

到业务作为判断成功的标准。后者是公司的终极目标，而前者只是其中的一小步。Terra 项目的底线就是 DHL 公司的底线，即避免全盘皆输，并在新开发的业务中寻求新的盈利点。

为了让项目顺利开展，他们进行了适当的取舍，他们不追求尽善尽美——如果效果达成了七成，那剩下的三成他们就会放手。

凯夫说："我一直认为，伟大的革命领导者都具备一个重要的特质，那就是克服困难的胆量，即使某些领域不是你的强项也没关系。班德罗亚克就拥有这种胆量，其实我也是从他那里学到的，我很有幸能与他并肩作战。"

让我们再回到愿景上来。班德罗亚克认为，为挽救企业，带领大家一起奔向同一个目标要比独自承受压力更容易成功。"大家同甘共苦、彼此依靠，"他说道，"每个人都会遇到像'燃烧的平台'这样的挑战，只有大家拧成一股绳、共同支撑，企业才能生存下来。"

■ ■ ■

还有一个特征那就是必要性，这种意识在他后来的领导生涯中成了一种驱动力，如今他作为惠普公司全球业务服务部领导依然受此影响。最后，班德罗亚克认识到作为一名 CIO，在面临着 IT 变革的严峻挑战时，IT 的科学性并不重要，重要的是它与业务之间的完美结合。

要想达成以上愿望，领导人需要具备多方面的能力。除了要拥有明确的愿景外，CIO 还需要有强烈的敬业精神、心无旁骛、能量满满。然而，领导者首先要起到带头作用——如果 CIO 都缺乏这种精神，那又怎么能以此要求员工呢？

于是问题又来了：谁才是理想的领导人选呢？这就要谈到必要性了。让我们再次回到之前谈到的孤注一掷的抉择上——领导者需要密切关注在此过程中发生的方方面面的事情。大家会疲惫不堪，会沮丧受挫，甚至在重重的压力下，有些人会忘记自己的初衷是什么，所以这时候就需要有人给予他们及时的提醒。

班德罗亚克回忆起在安富利集团工作的那段时间，那时他的IT部是一个名副其实的整合部门，在10年内收购了40家企业。他也说道："在你完成项目之前，你永远都不能确定哪些人可以完成这些项目。只有尝试了才能知道。"

尽管一些招聘公司能为他们输送理想的人才，然而班德罗亚克认为，并没有固定的方法去寻找在高压环境下依然能量满满的人才。他认为，每个人都想获得成功，没有人参加工作时会说"我想做一个失败者"。每个人都跃跃欲试，但是只有少数的人能为大家带来动力与激情。正是这样的人才能掌控"燃烧的平台"项目，才能坚持公司既定的目标。

■ ■ ■

再回到愿景。班德罗亚克有句话说得好："我不想平庸地趴着，我只想伟大地站起来。"这也是他在惠普公司的运营原则。

许多企业的领导、教练、顾问和学者都喜欢用一些简短的格言作为公司的经营理念，但实际上这些格言并不能起到一些实际的作用，因为每天的事情都在发生着变化。

让我们把话题转回到班德罗亚克。众所周知，他能够精准地引用过去所在企业的每一项评估指标和统计方法，然后，据此迅速地分析出自己的竞争优势——哪些能在赢得胜利的过程中派得上用场。

例如，他想部署一套全新的物料需求计划（MRP），一般的企业会说它们的目的就是要提高供应链（库存周转率由10%提高至12%或15%），但班德罗亚克不是这么想的，他会找到业内最好的系统来进行分析研究。

正如他所说的，如果他拥有最好的团队和最好的系统，那么肯定会影响到企业的利润。他们可以缩短周期，提高周转率，并将时间转换成真金白银。当你看到真金白银的时候，你就看到了这些团队和系统对企业的影响了。这并不是凭空想象，班德罗亚克也不会说那些空洞无物的理论观点。

第 3 章
DHL 公司 CIO：修复员史蒂夫·班德罗亚克

他将库存周转率提高了 5 个点，从而换来了预估的 1 亿美元的年回报。所以很多人会很高兴地坐收盈利，但班德罗亚克却不同，他重申了必要性的意义所在："我对我的团队说，'如果我们的系统没有到位，那么谁又会为损失的 1 亿美元买单呢'？"这就是他的耿直之处。

在他看来，做得好可以作为我们的一个奋斗目标，但没必要拿来炫耀。他认为很少有 CIO 能真正意识到这一点。他又说道："我们要做的是如何提升自己，做到业内最佳。其实对于我们的每个项目，项目管理办公室都会制定一个明确的业务目标。但是当你问到，现在你们的水平是业内顶尖的吗？或者是中等还是下等的呢？我们会说，'我不知道，我只知道与同年相比我们提高了 5 个点'。"

他再次重申，在每一件事情中都要做到最好。他也会告诫他的团队，每天都要比竞争对手更优秀一点。不管是在报价周期、应收款还是资金回笼方面，他们都要和对手一争高下。正如班德罗亚克所说，机会出现时要看自己的短板。如果他们能应付得了并击败行业内其他对手的话，那他们的团队无疑就会更上一层楼。

在与其他 CIO 和领导们谈起重要指标的优先次序时，班德罗亚克认为应从简单的几个因素入手：正确的项目组合、合适的人选以及与之所匹配的资源。如果你没有这些资源，或者不知道如何整合这些资源，那么你就麻烦了。

截止到 2013 年 1 月，班德罗亚克所在的企业服务 IT 部的每月资金流转达百万美元。他说道："如果有人找我合作，除非项目每月资金流转达百万美元，否则一切都要靠边站。"

∎∎∎

在他担任 IT 领导者和业务领导者的 20 多年的职业生涯中，他见证了在企业发展过程中所赋予 CIO 职责的转变。那个时候，CIO 这一职业还尚未定型。当 CIO 这角色刚开始出现的时候，企业领导看到了让经验丰富的商务专业人士运营业务的好处，然而，很多 CIO 缺乏对技术的认知，其作用只停留在技术层面。随后步入了技术精通且 IT 经验丰富的 CIO 时代，这个时期的 CIO 虽然能对各大信息系统进行整合，但对业务算不上精通，依然存在沟通上的障碍。业务领导希望 IT 部能完成降低成本、推动创新的要求。然而，很多 IT 领导者往往过于追求对技术细节的研究，而不是从业务和盈利模式的角度去思考问题。

最近几年出现了一种新型的复合型人才。这些复合型人才可谓多面手，既可以从业务的角度与管理层和董事之间沟通，也可以用技术的语言与他的技术团队沟通。

将 IT 当作一个"可有可无"的角色或是一门技能的时代早已远去。具有前瞻性的公司早已认识到了 IT 巨大的价值驱动力。包括班德罗亚克在内的这些 CIO 们正在改变着企业。

班德罗亚克说："在过去五年中，CIO 的转型速度比我初入行时想象得还要快得多，而且我想以后的速度会更快。我们不仅需要在技术层面跟上时代的步伐，在业务上也不能落伍。我们不仅要驱动企业的营收、驱动销售团队，还要重塑整个供应链、资本回报以及有效库存的回报，这些以前想都没想过的因素，现在已成为我们日常工作的一部分了，这也是一个巨大的转变，它给 CIO 带上了一个全新的光环，并把 CIO 放在了一个全新的位置上，因为这个职位将会关系到一家企业的成功与否。"

现在，我们已很少单从技术角度来看待 IT 了，我们更看重的是如何利用 IT 为企业创造价值，为 IT 找准定位。"在企业中，IT 是唯一一个对业务产生影响的部门，"班德罗亚克说，"它也是唯一一个可以见证销售团队影响下游业务的团队。当我们推出一个新产品的时候，产品小组关注的只是如何将产品生产出来，但是没有人关注 IT 是如何影响销售、结算、航运以及供应链的各个环节的。其实，我们 IT 人是唯一具有端到端观点的人。"

他也承认，与以前相比，他的思维已经发生了相当大的转变，他又说道："我们看中的是驱动业务见成效，否则，即使你的服务器运营再稳定良好，你的服务等级协议（SLA）再好，也没有任何意义，我们也不在乎。"

第 3 章
DHL 公司 CIO：修复员史蒂夫·班德罗亚克

在 2012 年 12 月一个清新的周六早晨，班德罗亚克穿过白雪覆盖的哥伦比亚大学校园，去参加哥伦比亚大学 IT 项目管理行政管理硕士论文答辩。这些硕士们与像班德罗亚克一样 CIO 的导师们合作完成了自己的研究项目。在每个学期期末时，他们都会在许多 CIO 和教授们面前申辩论文。

学生们依次把论文交给班德罗亚克所在的小组，班德罗亚克身体前倾认真地听着学生们的答辩并记录相关的笔记。到了点评和提问时间，他会给学生们一些鼓励之词——他会从各个行业标准、财务统计以及最佳实践活动方面给出自己的见解，为每一个论文项目给出自己的建议。

学生们对班德罗亚克的知识储备量大为惊叹，而与他熟识的人却认为这不足为奇。

让大家（包括与他熟识的人在内）最为吃惊的是，作为一名久经沙场的业务兼 IT 领导者，他居然不善言辞。班德罗亚克说：“销售人员大都性格外向，但我相反，我不是有点内向，而是非常内向。”

他通过不断改善自我逐步走到了今天。在他早期刚参加管理工作的时候，他就意识到自己恐惧发言，于是他就寻找方法不断练习以克服这种恐惧，比如，他经常去学校进行演讲训练。后来，他又在 IT 部的小组内不断磨炼。他说道：“这不需要任何的策略技巧，我只需要知道我在这方面做得不好，那我就加强这方面的训练。”几年后，他就可以在 Interop 贸易展示会上当着 3000 名观众的面发表演讲，并与之进行互动了。

班德罗亚克在其他事情上也同样努力奋进，他每天会花 30 分钟左右的时间打篮球、跑步、读书，或做一些其他事。他觉得这种坚持的效果是显著的，但有的人却做不到。他对此表示遗憾。

"我觉得大家应该为了自己的事业和职业有意识地不断地提高自己、打磨自己，"班德罗亚克说，"如果你是一位 CIO，你不知道建立或关闭一个销售渠道对公司来说意味着什么，那么你就应花一定的时间与销售团队进行学习；如果你不了解收款团队应该是什么样子，那么你可以在顾客发飙或在收款台结款时亲自感受一下。"

下面来谈谈班德罗亚克的家庭状况。班德罗亚克已婚，妻子叫唐娜，两人育有一女叫马里。他有时必须在生活与工作之间做出艰难的抉择。

在 DHL 公司四年半的任期内，班德罗亚克的角色发生了很大的变化。班德罗亚克是美国薪酬最高的 IT 领导者之一，他说："这么多年以来，我将自己都献给了这份工作，我只参加过女儿的一次篮球比赛和垒球比赛，我失去太多了。"这也许就是班德罗亚克所付出的代价。

当班德罗亚克的任期结束时，尽管公司领导极力挽留他，但德罗亚克认为他可能不会留下来继续工作了，工作和生活的天平已经倾斜得太厉害了，他决定将生活的天平重新扶起来。于是他来到了联想集团，并将原有的股票期权也留给了原公司，同时还大幅降低薪资待遇，但他不后悔。"人们为了发展往往会把自己放在一个很高的位置，但他们已经在不知不觉中破坏了家庭。有时候这一点很难被看到，"班德罗亚克说，"我有一个完美的家庭、一辆漂亮的车子以及美好的一切，但这不能弥补我陪伴家庭的时间。有时候，我很难把握家庭和工作的平衡。"

一切终于守得云开见月明了。在哥伦比亚一个寒冷的早晨，坐在他面前仔细分析论文并进行相关答辩的正是他的女儿，她终于可以在大学毕业的时候从她父亲那里学习一些东西了。

Chapter 4

柏克德工程公司 CIO：

领航者卡罗尔·泽尔霍弗

2013年9月，卡罗尔·泽尔霍弗（Carol Zierhoffer）被任命为美国柏克德工程公司（Bechtel）的副总裁兼全球CIO。她在信息技术及业务管理方面拥有丰富的经验，在战略制定、监督管理、项目管理、应用开发、关系管理及改革创新上是一把好手。泽尔霍弗负责柏克德工程公司的全球信息系统与技术团队，所有技术方面的工作都由她一手掌控，其中包括公司业务线及全球项目的技术应用等工作。柏克德工程公司是一家民营企业，在工程、采购、施工及项目管理等方面都是全球的领导者，其代表性的项目包括胡佛水坝（Hoover Dam）、湾区捷运系统（Bay Area Rapid Transit）和香港国际机场（Hong Kong International Airport）等。柏克德工程公司的投资领域也很广泛，包括能源、交通、通信、采矿、石油和天然气等，它们与从阿拉斯加到澳大利亚沿途的几十个国家及政府都有合作。2012年，柏克德公司的营业收入高达380亿美元，在全球拥有大约53 000名员工。

2012年1月至2013年9月，泽尔霍弗在施乐公司任职，担任施乐公司副总裁兼全球CIO一职，主要负责IT方面的所有工作。她拥有大约1250名公司直属员工和全球3000名IT人员。作为一位给公司提供多样化技术产品及业务服务的领导，她主要的工作职责包括制定公司发展战略并执行公司的长远计划，促进公司的转型和发展。

2008年10月至2011年12月，泽尔霍弗在国际电话电报公司（ITT）担任副总裁兼全球CIO一职，其主要职责是针对ITT公司的所有IT产品及服务进行规划调整、监督管理以及交付管理。她还负责监督世界范围内SAP的实施（董事会批准的改革项目），实现全球流程与共享服务的平民化和有效化。后来ITT公司被拆分成了三家独立的上市公司，泽尔霍弗参与了整个公司的拆分过程。在 Xylem 公司（市值约 32 亿美元）和 Exelis 公司（市值约 59 亿美元）的拆分过程中，她负责监督 IT 和共享服务的拆分工作。她的团队在九个月内就完成了公司的拆分任务。拆分后的 ITT 公司市值依然高达 19 亿美元。

泽尔霍弗加入 ITT 公司前在诺思洛普·格鲁曼公司（Northrop Grumman）工作了近 20 年。她曾在诺思洛普·格鲁曼公司的电子系统部、信息技术部和任务系统部三个不同部门担任副总裁兼 CIO。再往前，泽尔霍弗还在美国富达投资集团（Fidelity Investments）和德事隆集团（AVCO Systems Textron）担任过与 IT 和财务管理相关的职位。

卡罗尔·泽尔霍弗本科毕业于马萨诸塞州新罕布什尔大学，拥有惠特莫尔商业和经济学院工商管理学士学位。后来她又考入马萨诸塞州沃尔瑟姆的宾利大学计算机信息系统专业，获得了计算机信息系统硕士学位。

泽尔霍弗还是 MedAssets 公司董事会成员，担任信息技术委员会主席职务。

这有点像独立宣言。在一张偌大的海报中，卡罗尔·泽尔霍弗列出了 10 项能让 ITT 公司改头换面的运营准则，这就好比开国将领们为国家做出的卓越贡献一样令人骄傲。

2009 年 2 月 27 日，Top 50 IT 领导力场外会议在加利福尼亚州南部举行。泽尔霍弗在会议决议上签署了自己的名字。ITT 公司的 CEO 史蒂夫·罗伦杰（Steve Loranger）对泽尔霍弗的计划和理念赞赏有加，并询问与会的其他高管们是否决定签字，而且必须要在会议结束之前就做出决定。经过一番讨论，最终所有的高管们也都签字同意。

那时候，ITT 公司是一家拥有国防和航空航天两大业务的企业集团，主营具有先进工艺的工业水制品。在公司内部，这些业务分别由更小的、被称为价值中心的业务部门管理，它们彼此之间完全独立且拥有自己的领导，包括 CIO，但它们并没有处理好包括 IT 在内的中央功能问题。

改革迫在眉睫。于是泽尔霍弗和她的团队着手制定了统一的业务流程和信息系统来推动共享服务和最佳实践活动的实行。他们会加强信息安全、推动全球合作、优化服务交付，让 ERP 系统改头换面。

在 2009 年到 2010 年这两年内，他们取得了重大的进展。2012 年 12 月中旬的一天，泽尔霍弗接到史蒂夫·罗伦杰的电话，说想请她去办公室一趟。

变化来得太突然。

泽尔霍弗来到办公室，国防和水务事业部的负责人也在。史蒂夫·罗伦杰看了看在座的各位，然后宣布了一个让大家都意想不到的消息："我们决定要把公司拆分成三家独立的上市公司，改变我们现在的发展路线。我们将在明年的 1 月 12 日正式公布此消息。你们现在必须对此信息守口如瓶且不能谈论这件事，但是你们可以做一些准备工作。"

ITT 公司成立于 1920 年，现已成长为一家综合性企业集团。在 20 世纪 60 年代，该公司收购了不同领域的多家集团公司，比如，安飞士汽车租赁公司、哈特福德保险公司、喜来登酒店集团和面包奇迹制造商 Continental 集团等。

由于公司业务过于庞大，在接下来的 10 年中，ITT 公司开始将曾经收购的部分业务一一出让。随着时间的推移，华尔街对这些综合性的企业集团也开始感到头疼。1995 年，ITT 公司将本身业务减至三项，随后又只保留了一直运营到 2010 年的两大核心业务单元。

投资者对这一决定颇为满意，ITT 公司的股价上涨幅度超过了 16%。但从另一个角度来说，泽尔霍弗也迎来了她最为头疼的阶段。

第 4 章
柏克德工程公司 CIO：领航者卡罗尔·泽尔霍弗

流程集中化的项目已开始着手实施了，她现在必须得找到另一种解决方案——如何才能让自己原有的计划不变，并让公司到 2011 年 10 月从根本上发生改变。我们可以这样想一想：这种事情就好比在你快速前进的时候，又让你进行了 180 度的急转弯，其难度可想而知。

更糟糕的是，她只能一个人孤军奋战。

■ ■ ■

卡罗尔·泽尔霍弗曾就读于新罕布什尔大学的护理专业，因为她家族中的女性要么是教师，要么是护士，所以受此影响的她选择了这门课程。"那时候，教师或者护士是女人的两个选择。"泽尔霍弗说道。在大学学习了两年半后，泽尔霍弗开始了临床学习，这时候她开始意识到自己非常讨厌这个专业。后来她将选修专业改成了主修专业，取得了该校惠特莫尔商学院的工商管理学士学位。

泽尔霍弗的第一份工作就职于诺思洛普·格鲁曼公司，后来她被提拔为公司电子系统部、IT 部和任务系统业务部的 CIO。在 2007 年底，她的导师兼公司全球 CIO 汤姆·谢尔曼（Tom Shelman）晋升为诺思洛普 IT 防务集团的负责人。泽尔霍弗希望 CIO 的整体工作是公开的，因为谢尔曼准备让她接替这一职位。

然而谢尔曼离开后，公司领导层决定让非 IT 部的高管们轮流担任全球 CIO 一职。第一位高管到任后，泽尔霍弗谦逊有礼地向他传授其中的门道。该高管任期结束后被调到了其他的岗位，IT 部又迎来了另外一位 CIO。虽然泽尔霍弗在该公司工作了将近 20 年，也有担任 CIO 的想法，但却一直没有机会。

泽尔霍弗说："如果我要想成为一名企业 CIO，那么我就必须换一个地方。这样我就不用傻傻地等待这么多年了。不过已经无所谓了。"

后来泽尔霍弗接到 ITT 公司的电话，邀请她担任国防业务部的 CIO 职位，当时这个部门的市值高达 60 亿美元。泽尔霍弗同 ITT 公司谈了谈，最后谢绝了 ITT 公司——因为她认为格鲁曼公司更有前途，但她依旧对 ITT 公司的邀请表达了感谢。

三个月之后，ITT 公司又给她打了电话。ITT 公司向泽尔霍弗解释道，上次它们提供给泽尔霍弗的职位可能有点低。现在公司准备调离全球 CIO，并希望她能继任。讽刺的是，被调离的 CIO 其实就是泽尔霍弗的面试官。

泽尔霍弗认为这是一个千载难逢的好机会。她拥有航空航天及国防业务的工作背景，这会帮助她在新职位上迅速赢得大家的信任。而且 ITT 公司是一家多元化的公司，全球 CIO 这一职位能为她提供一个了解其他领域和获取全球商业经验的机会。然而，她也将会面临着诸多的挑战，比如庞大的人员数量管理、复杂的流程管理、如何协同办公与如何开启新的业务线等。

于是泽尔霍弗专程飞往白原市与 ITT 公司的 CEO、CFO、人力资源总监以及两个董事会成员进行了面谈。2008 年 10 月，她正式成为 ITT 公司的全球 CIO。

任职后，她发现企业的价值中心结构是紊乱的，但是当她提出要搭建企业自己的电子邮件系统的时候，有的部门持反对意见，某事业部的 CIO 还与她发生了争执。该 CIO 说："我们价值中心的领导人不会允许我们将电子邮件服务器放在别的地方。"泽尔霍弗反问道："为什么不允许呢？""我的领导……"泽尔霍弗迅速打断了她："如果你们价值中心的领导很在意服务器放在哪儿的话，那仅仅是因为你让他关注了服务器的存在地。其实他根本不应该关注这些，他更应该关注如何能保证邮件服务器更高效稳定地运行。所以如果服务器运行良好，他又何必在意硬件放在哪里呢？"那位领导无言以对。

所谓新官上任三把火，泽尔霍弗也趁此机会，在了解了公司的各种情况之后，打破了公司原有的以自我为中心的风格。

■■■

鉴于 ITT 公司的企业文化的复杂多样，泽尔霍弗针对业务架构、共享服务、常规流程、管理制度、企业问责制度、企业信息化管理、信息一致性管理、投资、员工行为规范及经费提出了一套明确的指导方针，即企业经营的 10 项原则。

泽尔霍弗于 2013 年 8 月在马里兰州安纳波利斯（"独立宣言"式的广告板依然伫立在旁）的一次采访中说道："当大家对你要从事的工作、人生目标、行动计划已给予了肯定时，你就必须要建立一个标准。"

她坦言自己的领导风格深受其管理及执行经验的影响，尤其受同一团队同一愿景的观念影响颇深。这样就需要与团队成员多多接触，只有多接触才能了解每一个人的想法，才能将你的愿景或目标更好地灌输给团队的每一位成员。

当年，泽尔霍弗在格鲁曼公司不断高升时，谢尔曼推出了一个传帮带项目，从格鲁曼公司 4000 多名 IT 员工中挑出了八人与他一起工作。

泽尔霍弗飞到达拉斯市参加了她的第一次会议，并打算在会议上谈谈 IT 部的发展战略和实际目标。当她走进谢尔曼的办公室时，谢尔曼首先关切地询问了她的个人以及家庭的相关情况：孩子多大了，他们喜欢做什么等。谈话一直持续了大约 45 分钟。

这时候泽尔霍弗才意识到，领导力其实是非常个人化的东西。如果你想组建一个强大的团队，并一直保持团队的实力，那你就必须了解团队成员的方方面面。她接着说道："当你挑选队员和你一起战斗的时候，你们要互相信任、互相支持。你多少得了解一些队员的个人情况，有时候你需要更加和蔼一些，有时候你可能需要多一些理解和支持，尤其是出现差错时。"

她还说道："你要知道每一个人的强项和弱点，这会有助于你组建一支强大的团队。"这对她来说比较简单，"如果你的团队行动和目标一致，那么你就会得到你想要的结果；如果不一致，那你必败无疑"。

在 ITT 公司，泽尔霍弗就组建了这么一支团队，团队的每一位成员都以泽尔霍弗的 10 项原则为基准，并且具有非常强的执行力，可以将她的每一项计划最终执行到位。

后来史蒂夫·罗伦杰告诉她，企业可能要进行拆分，她又不得不重新制定新的战略。首先她要在团队内部确认哪些方案需要继续进行，哪些方案需要立即停止。不过她并未对外宣布这件事情，以避免对企业产生负面的影响。

泽尔霍弗意识到若想要自己的团队不散，那就要寻求帮助。于是她说服史蒂夫·罗伦杰增加一个帮手一起来完成她的计划，这个人就是她颇为信任的副将史蒂夫·利特尔（Steve Little）。史蒂夫·利特尔当下正负责着项目基础设施建设的工作（史蒂夫·利特尔已为施耐德电气公司效力了20年，担任CIO这一职位七年。2009年6月份，他决定在年底离开施耐德电气公司。在一个偶然的机会下，他结识了泽尔霍弗。在7月的一个星期五，两人通过电话畅谈了两个小时，在谈话结束的时候，泽尔霍弗邀请史蒂夫·利特尔下周一入职ITT公司）。

史蒂夫·利特尔创立了全球IT基础设施服务部，后来很快又成立了共享服务部。因此，他们准备在2010年1月宣布大规模IT重组计划，这也打破了传统的IT价值中心模式——这一计划已得到了官方的批准。他们准备在1月3日组建IT核心团队，同时启用一套全新的薪资管理系统。

当时的情况可谓时不我待、刻不容缓，所以当泽尔霍弗将服务转型计划推迟的消息告诉史蒂夫·利特尔时，他感到大为震惊。但泽尔霍弗并没有向他透露个中缘由。

直到泽尔霍弗得到授权后才将这一切和盘托出。他们利用圣诞节到元旦这一周的时间制订出了新的计划，然后两人开启了一段为期九个月全天候连轴转的企业重组旅程。

"我们经常开玩笑似地说，这个项目就像生三胞胎，我们的基本原则是，三个宝宝都得健康，不能两个健康一个不健康，"泽尔霍弗说，"所有的宝宝都要健康，并且我也要为这三个宝宝做健康证明。"

泽尔霍弗很庆幸有史蒂夫·利特尔陪伴在她身边，但她也明白整个团队还需要更多的帮手。

第 4 章
柏克德工程公司 CIO：领航者卡罗尔·泽尔霍弗

他们决定引入一个咨询合作伙伴来帮助推动项目，于是他们将五个顶尖的服务商召集在一起，通过三个小时的陈述，最后泽尔霍弗和史蒂夫·利特尔选择了德勒公司。这家公司无论在经验、构架还是模式上都是最佳选择，文化上与他们的契合更是意外的惊喜。

泽尔霍弗也曾向有过同样经历的 IT 领导者取经问道。她曾向摩托罗拉公司、康德乐公司和奥驰亚集团的高级 IT 主管们打电话求助。她在 ITT 公司"三胞胎妊娠期"做出的很多重大决定都深受这些朋友们的影响。

泽尔霍弗首先学到的是以人为中心。朋友们告诉她项目重组计划无论于自己还是整个团队来说都是一次精彩绝伦的旅程。毕竟没有几个人经历过这样一场变革。尽量让这次旅程刺激好玩，也要让大家尝到甜头，心有所向。如果你也无法预测未来，那么请以诚相待。

朋友们的这些建议一直在泽尔霍弗的脑海中萦绕，这也正与格鲁曼公司以人为本的原则不谋而合。因此，当她开始制定自己的战略时，她会把人放在首位——首先要赢得团队人员的心。只有这样，无论在什么位置，充当什么样的角色，大家都会自信满满。

■ ■ ■

泽尔霍弗和史蒂夫·利特尔开始规划他们的流程，开始商议哪些项目需要继续，哪些必须停掉。他们不能将这些信息全部告诉她的团队，但他们也不打算对团队成员隐瞒这些事情。

于是他们决定将服务优化项目和 IT 并组计划暂缓。由于他们要从国防及商务业务部抽调人员，ITT 公司需要就公司成本的变化获得政府批准。泽尔霍弗解释说："我们只是想确保消息出来后一切都正常运转。让我们先等一等，我们只是暂缓一个月，而不是要停掉这些项目。"

另外，他们决定提前推进基于 SharePoint 平台的全球合作解决方案。他们知道，这一方案一旦成功，三家新公司就可以如法炮制。与此同时，他们也在积极地推进信息安全项目，泽尔霍弗认为这一项目非常重要，毋庸置疑。

他们还决定加快 ERP 系统的部署，泽尔霍弗及其团队成员将其命名为"最佳项目"，是业务驱动战略转型项目的简称。"在公司宣布拆分之前，他们还需要签字、盖章、交付以及验收等相关的流程，这样一来，新公司就可以来权衡选择，"泽尔霍弗说道，"ERP 项目管理处其实更像是一台机器。"这一项目完成后，他们会将这支团队投入到企业拆分的工作中。辛迪·胡姿（Cindy Hoots）也是一名非常优秀的领导者，她曾负责公司的"最佳项目"，现加入了泽尔霍弗的团队，在拆分管理处负责 IT 和财务共享服务方面的工作。

他们决定尽快完成公司常规流程及共享服务流程的部署工作，这一点可能更为重要。

IT 基础设施拆分（包括活动目录、共享应用程序以及底层网络）就要复杂得多。泽尔霍弗圈内的朋友对此进行了洞察和分析，认为其简直就是一件让人望而却步的事情。

这些朋友们透露拆分的一次性成本可能要占到每年 IT 支出的两到四成。IT 基础设施拆分之后，假设一次性收益上涨 10%~30%，那你就可以继续下去，但是要保证这三家新公司的收益都得上涨 10%~30%。

管理层并不希望这样，但他们相信泽尔霍弗的判断。他们告诉泽尔霍弗及其团队，可以按照他们预设的方案继续进行，同时也提醒泽尔霍弗注意公司所面临的成本压力。得到领导的信任和支持非常重要，尤其是像这样一个担当重任的团队更是如此。

后来又发生了一个小插曲。ITT 公司的董事会成员克里斯蒂娜·戈尔德（Christina Gold）在 2006 年曾负责过从西联国际汇款公司拆分第一资讯公司的工作。好消息是，克里斯蒂娜为泽尔霍弗介绍了两位当时负责拆分项目的高管；坏消息是，克里斯蒂娜觉得 IT 拆分工作烦冗复杂，如果失败，可能会给公司带来不

第 4 章
柏克德工程公司 CIO：领航者卡罗尔·泽尔霍弗

可估量的损失。

克里斯蒂娜说得确实没错，或者至少她的担忧不无道理。这也注定会受到大家的质疑。

当泽尔霍弗将网络、应用程序和其他所有业务的拆分计划和盘托出时，果然引起管理层的一片质疑。有些人质疑他们是否能完成拆分，还有些人对这三家公司的电邮系统进行拆分持怀疑态度。

朋友们也曾提醒过她。对于每位 CIO 来说，三个臭皮匠顶个诸葛亮，其他部门的高管们会"积极"地出谋划策，就拿拆分电邮系统为例，他们会建议，为什么不直接迁移到云端？或者为什么不迁移到 Gmail？这种出自航空杂志的"所谓的妙策"简直太多太多啦。

有时候这些问题会让你感到非常可笑。但是对于命运多舛的项目而言就另当别论了。他们的这些"妙策"可能会让泽尔霍弗的努力付诸东流。

■ ■ ■

ITT 公司董事会的另一位成员琳达·桑福德（Linda Sanford）曾长期担任 IBM 公司的高管职位，她向泽尔霍弗介绍了自己曾经并购团队的经验教训。

与此同时，IBM 公司的并购和拆分团队找到 ITT 公司的 CEO 史蒂夫·罗伦杰并献上了自己的真知灼见。他们问史蒂夫·罗伦杰："为什么要让泽尔霍弗团队来负责这次拆分工作呢？你们可以外包出去，我们 IBM 公司可以包揽一切。前期工作分文不取。"

史蒂夫·罗伦杰将这一想法告诉了泽尔霍弗。史蒂夫·罗伦杰觉得可行，然而泽尔霍弗却不这样认为。泽尔霍弗说道："我对 CEO 史蒂夫·罗伦杰说，从公司目前复杂的情况来看，就单单写一份外包的工作报告就需要花费 12 至 18 个月的时间。所以不必为同步拆分忧心忡忡。"

为谨慎起见，她特意找到在格鲁曼公司做 IT 外包业务的老同事进行咨询。同事对泽尔霍弗预估的时间表示认同。但是史蒂夫·罗伦杰觉得用不了那么长时间。泽尔霍弗坚持己见并最终说服了史蒂夫·罗伦杰。

现在计划、价格、时间安排一切准备就绪，就差资金了。但管理层对成本组成表示质疑。后来泽尔霍弗根据自己在国防领域积累的丰富经验想出了一个妙招：组建一支监督团队——"红色小组"。

红色小组是企业、军队及情报界普遍存在的一种组织。从本质上来讲，红色小组是一支独立于策划团队的后备军，负责把关工作。它的职责就是对团队所提供的解决方案提出质疑。它也可以被认为是一个独立的质保团队，专门负责寻找编程团队开发的软件或应用程序的漏洞。

泽尔霍弗敦促CEO和管理委员会引入一个独立的机构来审查她推出的这项计划。她坦言她会"非常重视并欢迎审查机构的到来"，但并不关心来者何人。泽尔霍弗明白自己其实是在冒险，但是她对自己的团队及团队做出的项目计划充满信心。

泽尔霍弗与管理委员会携手组成了一支红色小组。航空航天和国防领域的首席技术官（CTO）查克·埃克隆（Chuck Eklund）担当负责人；小组成员还包括最大的商业集团的一位CFO、拜耳公司曾负责过大型拆分项目的一位高管、来自技术合作伙伴的两位外包专家（因为业务外包仍然在他们的选择范围之内）以及德勒公司兼并重组部的一位独立顾问。

泽尔霍弗的主要团队成员对此抱怨不已，但他们没时间来应付这些杂事。她告诉大家他们有时间，也有计划。关键是不管有没有，一切都会照常进行——泽尔霍弗团队要对红色小组的要求有求必应。不能多问、要周到详尽——不管红色小组做得正确与否都不容置疑。红色小组若要发现漏洞，主要团队要立即修复。若红色小组未发现任何问题，那么我们就可以继续向下进行了。

红色小组来到了位于马里兰州汉诺威的专用办公室，这间办公室于"最好项目"成立前一年落成。泽尔霍弗团队向红色小组介绍了整个计划，包括每一项工作流程、每一个规划策略的进展，他们曾花了足足四天的时间来审核这些内容。至此，她的计划已全部公之于众了。

审核结束时，红色小组负责人埃克隆得出了结论。

据泽尔霍弗所述，埃克隆在执行委员会上对其总体规划给予了高度评价。他传达的信息很清楚，那就是泽尔霍弗的团队开发出了一套令人叹服的严谨的工作流程。该团队对细节的追求、奉献的精神非常值得赞扬。当然，这里面也存在一定的风险，不过这些风险都是可控的。

泽尔霍弗的计划做得非常合理，埃克隆告诉管理人员："是时候行动了。你们应该给予大力支持，让他们放手来做。他们需要听到你们强有力的支持之声。"

■ ■ ■

赫尔穆特·卡尔·贝恩哈特·冯·毛奇（Helmuth Karl Bernhard von Moltke）是19世纪末普鲁士军队的一位参谋长，他曾经说过："遇到敌人后一切战斗计划都失效了。"泽尔霍弗也将这句至理名言渗透给自己的团队："虽然我们已做好了计划，但在实际操作过程中仍然会发生变化。"

她不但打消了管理层及"热心"的外界团体的质疑，同时也不再拘泥于当下（完成拆分工作），而是把眼光放在了未来。

一路走来，泽尔霍弗及其团队学到了很多东西，并根据项目的推进不断地调整自己的计划。虽然有些事情不可预测，但总体来说项目进展还算比较顺利。虽然有时候大家也会感到惊慌失措，但最终所有的问题都会一一化解。

当泽尔霍弗及其团队打算拆分ITT公司的网络时，她又从同行朋友那里学了一招。这些高管们，尤其是摩托罗拉公司的负责人，告诉她拆分前要提前分析。曾经摩托罗拉公司就是如此，企业拆分开始后，他们就动手拆分网络，但是出现了严重的问题。切记，正如史蒂夫·利特尔所言，摩托罗拉公司的移动业务拆分工作花费了超过18个月的时间，但拆分计划的确定就用了几年的时间，而ITT公司要在短短九个月内复制出三家公司。

泽尔霍弗和她的团队将这一切铭记于心。但所有的重大事项都必须经过董事会的授权，公司网络进行拆分之前，ITT 公司的管理层提出了一个简单的问题："你们有备用方案吗？你们必须要有一个应急措施来应对可能所发生的一切。"他们回答道："是的，我们有备用方案。当然有。"

其实她和史蒂夫·利特尔已经做好了迎接各种困难的准备。泽尔霍弗说道："我们已经做了充分的准备，并做了多次的测试。开弓没有回头箭，一旦我们决定好了，就没有回头路了。" CIO 都知道，当你着手的项目存在诸多变数时，最好要有一个备用计划。但在多数情况下，这是不可行的，因为时间根本不允许。

2010 年 9 月 12 日，一个周末的午夜，恰逢泽尔霍弗的生日，他们的网络拆分工作正式启动了。如果在这期间发现问题，在 ITT 公司正式拆分前他们会有六周的时间来解决它。泽尔霍弗说道："我们知道肯定会出现一些问题，处理掉就好了。这也正是对我们解决问题能力的一次考验。我不希望大家指手画脚，只希望大家精诚合作。当 ITT 公司正式开始拆分时，IT 团队就会格外轻松了。"

与大多数的业务拆分一样，你不能一次性把所有的业务都拆分掉，所以另外一个重要的事情就是要签订过渡期服务协议，泽尔霍弗的团队在这一点上做得就很到位，她说："我们将此看作公司之间的商业外包协议，所以必须要严谨。我们从以往的外包案例中吸取了经验教训。其中一个教训就是，当一家公司决定将部分业务外包出去的时候，应在'如何找到'外包方面多动脑筋，而不是想着要一劳永逸。"

泽尔霍弗及其团队需要了解如何才能管理控制好过渡期。于是她在过渡期服务协议中增加了新的评判标准，"你不但要知道如何'找到'，如何'使用'，你还要知道如何'退出'，你肯定不想总是让兄弟公司提供有偿服务吧。"从遗传学角度来看，这种关系并不太好。但是公司一旦完成拆分，所对应部门的人可能就会被分配到不同的公司。如果你在新公司负责应付账款业务，那在为其他公司提供

第 4 章
柏克德工程公司 CIO：领航者卡罗尔·泽尔霍弗

服务时，你就会明白自己该忠于什么了。

泽尔霍弗在 ITT 公司实施了 23 项过渡期服务协议，一个大问题也随之而来："过渡期服务协议落地实施需要多长时间呢？"由于他们对总的时间限期已达成共识，那么其他的一切环节也就一目了然了——他们对服务费用、退出计划、退出成本及协议买单人都了如指掌。

在整个过渡过程中，当大家遇到问题和挫折时，泽尔霍弗总是坚定信念鼓励大家："我们是一个杰出的团队，一旦我们确定了目标，我们就会兵来将挡，水来土掩。"

这一路上，泽尔霍弗面临了很多难以抉择的时刻。在公司拆分时，她做了一系列重要决定，其中解散自己的团队是让她最为头疼的事情。

■ ■ ■

由于 ITT 公司要拆分，所以公司领导打算为新公司的每个部门安排新的负责人——包括财务部、人力资源部和 IT 部等。一旦开始对各大业务板块实施拆分，这些领导干部就得到位。

虽然泽尔霍弗不太擅长喊口号，但是她要让自己的团队自始至终团结一致。

这也是高管朋友们给她上的另一节重要的课：当公司进行拆分时，事情会变得越来越个人化。一旦开始拆分，大家的私心就开始表现出来。人的本性驱使大家加入新的公司，在那里泽尔霍弗不再担任领导，拆分的工作也退居其次。正是这种顾虑让她坚定了信念要保留住自己的职位及团队成员。她需要带领她的团队继续奋斗更长的时间，"同一个团队，同一份使命"。

于是泽尔霍弗找到了史蒂夫·罗伦杰和董事会，将她的想法反映给他们。她对大家说，公司可以为财务部或人力资源部选拔新的领导干部，但是不许动 IT 部。她需要保持 IT 团队的完整无缺，以及团队成员的忠心耿耿。真理再一次获胜，泽尔霍弗得到了她想要的结果。

说实在的，当最后轮到对 IT 部人员进行拆分的时候，泽尔霍弗又开始纠结不已了。

当新公司 CIO 上任后，泽尔霍弗找到 ITT 公司人力资源部的负责人。她了解拆分好的三家新公司，认为其中一家要强过另外两家，那么它在选择团队时就会占绝对的优势。

所以泽尔霍弗向人力资源副总裁申请参加选聘会。但人力资源副总裁直接回绝了她："你不能参加这次选聘会，这不是你想参加就能参加的。"即使泽尔霍弗辩解说，大家可能会做出错误的抉择，到时候她可以助大家一臂之力，她还是遭到了无情的拒绝。

这确实不是泽尔霍弗想参加就能参加的，但她不知道她为什么不能参加这次选拔，这就又回到了故事的开始。

当史蒂夫宣布公司拆分时，他实际上就已经决定好了新公司的领导人选。史蒂夫告诉泽尔霍弗，他和董事会打算让她担任航空航天业务部和国防业务部的 CIO。这像是有人拨动了时钟，让她回到了自己打算离开格鲁曼公司的那一刻。

ITT 公司的所有高管都欣然地接受了自己在新公司的职位。只有泽尔霍弗除外。

但她还是会尽职尽责地将拆分工作负责到底。接下来，她还有大事要做。虽然她的工作稳步前进，但是重新规划问题、官僚作风问题让她无心享受胜利的果实。尽管如此，她依然愿意留下来继续进行拆分工作，因为她要说到做到。

她的团队的每一位成员也都留下来与她并肩作战。他们曾经一起同甘共苦过，她赢得了大家的信任。

是时候该向前一步了。她后来加入了施乐公司，担任全球业务部 CIO 一职。2013 年，她加入了建筑巨头公司——柏克德工程公司，担任全球 CIO 职位。

第 4 章
柏克德工程公司 CIO：领航者卡罗尔·泽尔霍弗

■ ■ ■

2013 年春天，一批有抱负的 CIO 齐聚麻省理工学院，泽尔霍弗在此发表了题为"如何做好 CIO"的演讲。

泽尔霍弗是著名的企业管理专家吉姆·柯林斯（Jim Collins）的头号粉丝，她将吉姆·柯林斯两个著名的理论融合到了自己的演讲中。

第一个是"卓越并非由时势所造就，而是自主选择和高度自律的结果"。"自律"是她职业生涯中最为重要的优良品质，也是她向团队一再强调的一点。

第二个是"先人后事"，人一定要放在首位。领导者必须要选择合适的人上车，并且必须要确保把他们安排在合适的位置上，然后才能去做事。

这是泽尔霍弗从事领导工作的两个行事标准。一旦发现偏颇，她会立即进行调整。

她加入施乐公司时，公司正在实施欧洲 SAP 项目且进展不顺。她亲眼见识到了项目的混乱状况，于是她找来了项目经理和团队成员。项目经理告诉她，项目管理办公室只负责处理增价及意外状况。泽尔霍弗又问到执行工作由谁负责，项目经理回答说由子团队负责，他不管。

她听够了。她从来没想到会这样，"一个数百万美元项目的最高领导者居然对项目实施不闻不问，那不出问题才怪呢"。于是她炒掉了项目经理（他并不是合适的人选，对项目实施工作也毫无热情），然后打电话把她曾经的合作伙伴史蒂夫·利特尔请了过来，他才是最理想的人选，他也有能力将实施工作做好。

泽尔霍弗对施乐公司的信息安全部门也不是很满意。该部门只担任了制定政策、进行审计的工作，其负责人觉得其他的事情与他无关，更糟糕的是，他认为信息安全部门没权对公司的计划指手画脚。

她向管委会提议允许她聘请一位经验丰富的首席信息安全官。她需要一位明星首席信息安全官，让现任负责人及其团队瞧瞧怎么才算是做得好。这是多么深沉的爱啊！"你不是这个职位最合适的人选，所以我会给你安排一位顶头上司，"泽尔霍弗和信息安全部负责人说道，"从现在开始你就可以拜师了。跟随他的步伐，你会学到很多宝贵的经验。"

实际上，泽尔霍弗在 ITT 公司也做了同样的事情。在高层领导人的指引下成长起来的两个人对自己的巨大变化曾感到不可思议。

在泽尔霍弗离开施乐公司后，史蒂夫·利特尔担任了一段时间的临时 CIO。他说这些案例将泽尔霍弗的领导风格体现得淋漓尽致。

利特尔说道："泽尔霍弗既充满激情又聪明睿智。她在掌握时局、处理复杂事务上很有一套。而且在 ITT 公司拆分这一纷繁复杂的项目中，她从大局出发，宏观管理控制。"

事实上，她做得更出色："泽尔霍弗说服了白原市管理团队，让我们没有后顾之忧，专心做自己的事情。"后来，她说 IT 部没有尚方宝剑，要想获得成功唯有努力工作、全力执行。她相信自己的团队一定会做到。

后来泽尔霍弗也将这些正能量带到了柏克德工程公司——美国最大的建筑和工程公司，全球第五大民营企业，她在这家公司担任全球 CIO 职位。

■ ■ ■

泽尔霍弗加入柏克德工程公司前还带着另外一层身份——MedAssets 公司董事会成员。

MedAssets 公司是一家为医疗机构提供财务管理和供应链管理软件的公司，成立于 1998 年，并于 2007 年成功上市。在企业 2012 年财报中，截至 12 月 31 日，该公司净收入达 6.401 亿美元，同比上涨 10.7%。2013 年 4 月，泽尔霍弗被任命为 MedAssets 公司董事会成员。

在短短的几个月内，泽尔霍弗已经带领公司获得了令人瞩目的成就，并凸显了 IT 在企业中的价值。

第 4 章
柏克德工程公司 CIO：领航者卡罗尔·泽尔霍弗

首先，她在董事会中成立了一个 IT 委员会，这在当时极为罕见，甚至在 IT 已经普及的今天也不多见。当时像沃尔玛、联邦快递、全美互惠保险公司等这些成功的大公司都设有 IT 委员会，泽尔霍弗以此为鉴成立了 MedAssets 公司的 IT 委员会。

由于董事会成员中 IT 专业人士比较缺少，所以泽尔霍弗被招募到了董事会。泽尔霍弗说道："虽然他们在业务及医疗保健方面是强项，但是在 IT 方面是个空白。"另外她还有一位很好的搭档——约翰·巴尔迪思（John Bardis），MedAssets 公司的创始人兼董事长和 CEO。每次董事会上，约翰·巴尔迪思都会留出 30 到 45 分钟的时间请她为大家普及一下 IT 知识。为了 IT 花费这么多时间真的是闻所未闻啊。

总之，她在董事会的这段经历让她具备了担任 CIO 的能力。当收到任命通知书的时候，泽尔霍弗联系了她的老上司——ITT 公司的 CEO 史蒂夫·罗伦杰，罗伦杰给她提出了一个很好的建议："当你在董事会时，你要'只问别做'。也就是说，你可以提出问题，但是你并不是日常的管理人员。"泽尔霍弗说："其实我已经意识到了，运营 IT 已经不是我的职责了，我的任务就是向他们抛出尖锐的问题，让他们思考如何来运营 IT，帮助他们制定对应的策略。实际策略的制定及团队运营则是管理人员的责任。"

她为柏克德工程公司带来的另外一个重要礼物就是对建立指导原则的重视——就像在 ITT 公司赢得支持的"独立宣言"宣传板。当在麻省理工学院与初出茅庐的 CIO 交流时，泽尔霍弗会被问到很多问题。其中大家问得最多的一个问题就是"你能给我发一份业务和 IT 运营理念的副本吗？"

史蒂夫·利特尔说柏克德工程公司真是捡到了宝贝。谈到演讲，他又列举出了泽尔霍弗的另外一个优秀品质："她的演讲太震撼人心了。她总是能让大家激情满满、充满希望。"

Chapter 5

联合太平洋公司 CIO：
指挥家林登·泰尼森

2005年2月，林登·泰尼森（Lynden Tennison）被任命为联合太平洋公司（Union Pacific Corporation）高级副总裁兼CIO，主要负责组织和管理公司的信息化建设和通信技术产品的研发、部署实施和运维管理等相关工作。

2001年，泰尼森被提拔为公司的信息技术副总裁兼CTO，主要负责整个公司的应用系统架构设计方面的工作。

1998年至2001年，泰尼森担任Nexterna公司（联合太平洋公司的技术子公司）总裁兼CIO，当时Nexterna公司主营业务包括移动应用程序的开发及硬件解决方案的提供。

在1992年加入联合太平洋公司之前，泰尼森在美国航空公司（American Airlines）的Sabre（Semi-automated Business Research Environment）事业部工作了五年，主要负责知识系统的构建工作。1979年到1987年，泰尼森任职于美国电话电报公司（AT&T）和西南贝尔电话公司（Southwestern Bell Telephone），从事管理和技术方面的工作。

林登·泰尼森毕业于得克萨斯大学阿灵顿分校（the University of Texas at Arlington），拥有学士学位。

他也是多家公司的董事会成员，还经常参加教会和社区相关的活动。

联合太平洋公司是美国历史上最悠久的公司之一。该运输公司由美国国会于1862年委托成立并由亚伯拉罕·林肯总统签署同意，它的成立有助于在纷乱的内战中保护美国。其修建的铁路路线从密苏里河往西，替代了货车，创造了一个全新的运输方式，大大加速了美国西部的崛起。

第 5 章
联合太平洋公司 CIO：指挥家林登·泰尼森

有关公司如何成功创建、扩张的故事我们无须赘言。数年来，该公司不断地发展壮大。《1980 年斯塔格斯铁路法案》(*The Staggers Rail Act of 1980*)的颁布解除了对工业的管制，废除了自 1880 年底设立的限制条件，从而迎来了铁路新的高速发展期。林登·泰尼森他们终于能够像经营企业一样来经营铁路并专注于公司业务的增长和盈利。

首先要解决的就是联合太平洋公司在铁路领域长期遗留的改革创新问题，尤其是技术的改革创新。林登·泰尼森要让过去、现在和未来之间建立某种联系。

而今作为联合太平洋公司的 CIO，泰尼森在创新型技术及工艺方面又打造出了一片新天地，这不仅为公司节省了资金，还帮公司赚了钱。

2005 年 2 月，泰尼森被任命为 CIO 后不久，他便开始着手解决他任期内最棘手的问题。

联合太平洋公司的交通运输管理系统，如同企业的 ERP 系统一样，几乎可以触及公司业务的方方面面。20 世纪 60 年代，该系统由采用了约 1100 万至 1200 万行的代码编写而成。截至 2005 年，系统几乎没有进行过大的改动。

这家历经 150 多年、拥有着传奇创新历史的公司所用的 ERP 系统甚至比其 CIO 的年龄还要长。

是时候该做出改变了。

■ ■ ■

联合太平洋公司的优势在美国南部和西部的发展地区。截至 2013 年 6 月，联合太平洋公司的业务覆盖了美国的 23 个州，共修筑了近 32 000 英里的铁路。2012 年，该公司的净利润达到了 39 亿美元，是其历史上盈利最多的一年。

从联合太平洋公司的网站上可以了解到，2007 年至 2012 年，该公司在网络和运营业务上投资了近 180 亿美元，以支持美国的交通基础设施，其中包括 2012 年投入的 37 亿美元。2012 年的投资包括安装将近 410 万个全新的铁路枕木，更换 1050 英里的轨道，采购 200 辆全新的机车并加强配套设施的建设与更新（如在开往新墨西哥圣特蕾莎的铁路上增加供给燃料和多式联运设施），以及为了提高安全性和运输网络性能的增长和生产力计划，等等。

其中，相当一部分开销（至少就 IT 业的"巨大"花销而言）用在了运输管理系统的升级改造上，其实这是公司庞大的业务中真正核心的部分。

泰尼森就任 CIO 后坚持不懈地推行全新的系统。由于旧系统长期以来一直表现得不尽如人意，并且早已过时多日，大家使用起来非常困难，也很难再去对它进行技术支持和维护。

这套旧的运输管理系统并非独家拥有，它主要由运营部、市场部、财务部和其他部门使用。没有固定的使用权，泰尼森由此嗅到了 IT 为公司做出战略贡献的机会，泰尼森说："除了我和 CEO 之外，很难有谁再能站出来说要停掉这套系统，因为这是一项庞大烦琐、跨功能的技术工程。从某种意义上来说，IT 的跨功能性却能在这些领域独领风骚。"

不管这套系统的所有权归谁，也不管新系统会耗资几百万美元，泰尼森对新系统的推行非常笃定。只不过在这之前，他需要先搞定一些事。

虽然泰尼森不愿意承认，但是有时候在企业中不得不动用某些政治资源。他需要处理与此相关的一些事宜。首先就是他与公司核心领导之间的关系。在泰尼森升至 CIO 前不久，刚刚上任的董事会主席兼 CEO 吉姆·杨（Jim Young）以及现任 CEO 兼总裁杰克·科拉尔斯基（Jack Koraleski）都对 IT 坚信不疑并坚决拥护。其他部门的一些领导也看到了升级换代后的高效运输管理系统给公司带来的巨大利益。

对于泰尼森来说，他与企业高层的关系为他项目的实施提供了诸多便利，他的 IT 团队也给公司交付了许多大大小小的项目，取得了耀眼的成绩。泰尼森说道："大家都知道我这个人比较讲究信誉，要么不答应你，要么答应你的事我肯定会做到，这既是信誉问题，也是信任问题。"

但这并不是一蹴而就的事情。因此泰尼森并不打算在周五制作一个期望着在周一董事会上通过的PPT。这需要花费数年的时间。这里面的成本核算、收益评估和风险控制都需要进行长时间的讨论和审议。

大家都知道，新系统需要花费数百万美元，并且也将作为他们以后的核心系统。如果系统瘫痪了，那么对企业的影响将是巨大的，泰尼森如是说。

好在高层了解这些风险，并愿意为这些风险采取一定的措施，于是泰尼森开始制定他那宏伟的蓝图。整个项目的初步预算在2亿美元内，时间控制在10至12年。

泰尼森说道："我一路将该方案推荐到董事会及CEO那里，同样，我也把我的整个职业生涯押在了这个项目上，可以说当时真是孤注一掷，如果这都没有将项目落地，那我只能辞职走人了。"

■ ■ ■

联合太平洋公司的执行副总裁兼区域副总裁兰斯·弗利兹（Lance Fritz）通过评估同意了泰尼森对新系统项目的实施。

弗利兹说道："这对公司来说相当于一次赌博，如果泰尼森失败了，或者没有完全对所有的流程进行评估并落地，或者没有达到未来30年内企业所需要的灵活性，那都将会出现很大的问题。"

弗利兹还指出，联合太平洋公司也从另一个角度对新系统进行了审核，比如，他们也考虑过从市场上直接购买一套适合自己流程的系统，比如SAP或者甲骨文公司的ERP系统等。如果已经有一套适合的系统，它们就可以直接买过来去部署实施。弗利兹说："但是没有，市场上还没有一套适合自己流程的系统，泰尼森的团队所开发的这套系统可能从根本上改写我们的企业制度。"

当你跟泰尼森谈论起软件工具的时候，他也有一些口头禅，他常把软件称之为"东西"，这不是在有意地贬低这些软件工具，而是他已经习惯于这么称呼这些软件工具了。这也体现出他作为一名技术负责人，不希望被某些软件工具所左右。

泰尼森也是一个比较浪漫的人，他喜欢去改造所使用的软件工具。如果你想让他直接购买某些软件来使用，那么他可能不太感兴趣，但是你要想让他通过二次开发再把软件运用到实际工作环境中，那他一定会有兴趣。

在就任 CIO 前，泰尼森就已拥有了丰富的领导经验，曾带领不同的团队开发过多个项目。而且在七年前，他曾就职于联合太平洋公司的一家子公司 AMCI（后来改名为 Nexterna）并担任 CEO 一职。他在这家公司带领团队针对机车管理、货车管理以及人员调配管理开发了一套专用包网络设备及软件。

在 Nexterna 公司，他们拿出一部分利润投资到新产品研发中，这一系列的经历也为他后来担任技术公司的 CIO 奠定了坚实的基础。他在采访中说道："在过去八年中，我一直坚持至少将公司利润的 15% 投入到研发中，因为公司必须要与时俱进。如果你不去对技术进行投入，那么到现在公司可能就早已不存在了。所以你必须要根据业务的需要来调整资金的投入比例。这让我清楚地意识到，如果这是一家保险公司或基金公司，那么你的技术想法会受到各种限制。"

正如弗利兹所言，市场上没有现成的产品或方案可以直接解决现有网络控制的问题，因此，泰尼森决定自己组建团队来开发这套系统。

这也就让泰尼森下定决心要重建企业的运输管理体系。

■ ■ ■

在规划讨论此项目时，执行人员就提出了内部重建可能会带来很多的问题。

虽然从项目一开始，泰尼森就多次强调了可能会出现的风险，同时他也相信自己的团队能够完成此项目，但他必须证明自己的团队能够交付大规模的项目。

第一步他需要做的就是概念验证。考虑到整个技术架构，泰尼森花费了将近 1700 万美元添置设备以运行工作负荷，并对子设备进行模拟以展示现有的运行情况。这还不算完。这就是为什么泰尼森和他的团队每次都要进行 10 倍规模的抗压测试。

测试很成功。泰尼森说:"这就证明了我们所做的一切,我们的感觉很棒,我们可以很自信地向总裁和董事会说,我们的项目一定能取得成功,如果失败了,那肯定不是技术的问题。"

完成测试后,泰尼森开始考虑项目的实施问题,他意识到该项目的挑战确实很大。他不能通过停掉原有项目的方式来逃避问题,而应该通过沟通和疏导,逐步将所有的项目统统交付。

这就意味着,除了新开发一套系统以外,还要并行运行原有的已经老化的系统,因为他们不能冒险将原有的系统关闭,否则将会对企业产生一定的影响。泰尼森说道:"如果你说这个项目中还存在什么不确定性的话,那我告诉你,这可是一个高达2亿美元的项目。这就好比我们要盖一所房子,在我们新房子盖起来之前,我们是不能把旧房子拆掉的,否则,我们住在哪里?这点不容置疑。"

不过,将这个项目增量构建,而不是在某些事情下强行驱动,显然是有一定好处的。泰尼森说:"这是一件提高企业信誉的事,我们可以分模块地交付。我们的团队已经很清楚地知道自己在做什么,也可以采取不同的策略。而最重要的是,我们可以一边交付项目一边帮助企业获得收益。"

虽然原有的系统是过时的系统,但却也是公司最后的一道屏障,即使将来新系统没有成功,原有的系统依然可以保持公司继续正常运转。

■■■

为了把项目成功落地,泰尼森汲取过往的经验,做足了功课,其中最重要的一条就是:实现工作量化。

泰尼森是被乔伊斯·瑞恩(Joyce Wrenn,泰尼森在美国航空公司的前任老板)招募加入联合太平洋公司的。瑞恩在到美国航空公司任职之前,曾在美国银行和IBM公司都担任过高级领导职务,进入联合太平洋公司后,担任CIO一职。

在美国航空公司工作期间,瑞恩在 Sabre 事业部负责运营一个高级技术小组(后来美国航空公司将 Sabre 事业部分离出来,成立了一家独立的公司,并于 2000 年在美国成功上市)。瑞恩每年都会携其直接下属与公司的主席碰头,以审核来年的预算申请。据泰尼森回忆,他们对自己的尖端技术寄予"厚望",却又想着减少投入。大家都明白这是一场博弈。

我们都知道,许多部门汇报工作时都是这样的:"我们所做的事情很重要,但是我们的人手不够。因为我们需要交付所有的项目,所以我们需要继续加派人手。"增派人手也就意味着额外的财务支出,董事会主席也会针对项目问一些相关的问题,然后交由财务部门来做一个权衡,最后才确定该项目是否增派人手。由此可见,在普通的管理报告中,大家都是将项目预算的 10% 用于管理。

而泰尼森的管理预算只有 3%,他解释道:"我计算了一下团队中每位成员的日常费用开支,我的团队中每年可以节省 28.5 万美元的开支,所以我的项目管理预算只需要 3% 就够了。"

泰尼森继续解释道:"这不是因为我的个人魅力有多大,而是因为我有一个专门的量化小组来把控这些指标。因为大家都知道,如果他们能够准确地对一个项目进行评估并将项目顺利完成的话,那就能更好地证明大家的价值所在,但是在技术变革日新月异的现在,这并非易事。"但他们依然可以通过某些量化指标来推动产生更好的结果。

这将对联合太平洋公司目前的情况产生巨大的影响,作为一家公司,它有一定的运营指标,量化小组会专门来衡量每一个运营指标。走进位于内布拉斯加州奥马哈市的公司总部,映入眼帘的是大屏幕上一张温暖的风景图片,上面实时播放着货运速度、货物的周运送量、客户的满意度以及公司的股票价格等信息。员工每天都会在上班的第一时间看到这些信息。

自从吉姆·杨接任董事长以来,联合太平洋公司的排名从末尾飙升至首位。2012 年,公司自我审核的指标主要有 12 项,联合太平洋公司在其中的八项上名列前茅，包括财务报告、经营比例、净收入以及客户满意度等。通过这些指标，它们可以计算出企业的最大利润率。

当泰尼森及其团队为了网络控制项目摸爬滚打时，他明白大大小小的会议肯定少不了，这让他想起了在 Sabre 事业部进行预算审核时的情形。

虽然有些人会感到不高兴，但庆幸的是，他的运输管理系统已经完成了。

■ ■ ■

大约在 30 年前技术刚开始起步的时候，联合太平洋公司与其他大多数公司一样，把优秀的员工送去培训机构学习 COBOL 语言以提高他们的技能，因此，联合太平洋公司才有了一批对运输管理系统进行开发运维的工程师，泰尼森也才得以把该运输管理系统一直保留到今天。

到了网络控制时代，随着技术的进步，原有的系统已经过时，已经不能很好地满足大家日常工作的需要，于是大家就开始讨论是否能有一套新系统来满足现有状况的需求，泰尼森的这套系统便应运而生。

后来 IT 逐步发展成为了一种推动企业发展的工具。很多人开始从事与 IT 相关的工作，泰尼森就是其中一员。"后来我们发现，全新的运输管理系统具有全新的网络接口、面向服务的体系结构和企业服务总线，同时具有高度的可扩展性与完整性。我们对于学习这些全新的技术以及未来的前景并未显得有多么地激动不已。"泰尼森如是说。

许多老员工担心他们不懂那些新技术而被公司解雇。项目刚上线的时候，让这些老员工在刚从大学毕业却精通技术的新领导手下工作是一件很不容易的事情。

但泰尼森却持有不同的看法。

尽管系统更换成了新系统，但是回想一下十几年前 IT 刚兴起的时候，当时的情况和今天如出一辙。当时也是有很多人不懂新技术，也是有很多老员工通过学习才开发出了当时的系统。因此，在泰尼森看来，这些老员工不是老古董，而是联合太平洋公司的记忆，他们的文化和精神非常值得尊敬，并且是无价的。

泰尼森说道："虽然这些老员工的技术落伍了，但是他们的文化和知识非常重要，他们知道公司的每一件事情，他们知道老系统的所有的细节，研发新系统离不开老系统，所以我们需要这些老员工。"

所以，泰尼森一般不会对外做任何承诺，一旦对项目组做出了承诺，那就是一言九鼎。所以当他承诺要挽留公司老员工的时候，这件事情在公司产生了非常大的影响。而他并未食言。

泰尼森做出了另外一个重要的决定，那就是将新老员工混搭在一起。将他们分开没有什么实际意义。不管是新员工还是老员工，他们都在为公司的运营做贡献。其实新系统和旧系统单从功能上来说并没有发生多大的变化，只不过新系统采用了更好的技术和架构而已。在泰尼森看来这并没有什么不同。

老员工给公司带来了利润，新员工也会给公司带来效益，看到这些，泰尼森找到了安排这些老员工的方法。比如，他可以将那些不擅长写代码但精通流程设计的员工安排来做业务分析师。这不仅仅解决了老员工的就业问题，也解决了老员工的职业生涯问题，更是将公司的文化保留了下来。

因此，尽管联合太平洋公司采用了新系统，但是泰尼森却坚决不裁员。当然，到达退休年龄的员工就另当别论了，但他并没有因为这些老员工的效率问题而进行裁员。

毕竟，新系统并不敢保证会百分之百成功，一旦失败，许多问题可能就会接踵而至，所以老系统以及老员工还是会对企业的发展起到一定的保底作用。

■ ■ ■

如果把这件事情当作一件生意的话，那泰尼森并不吃亏，甚至这根本就不是一桩赔本的买卖。正如他所说的，如果该项目失败了，他还有退路，实在不行，他就再找一份新的工作。

虽然这件事情最终大获成功,并且在他的职业生涯中最具影响力,但有一件事情不仅一直让他无法释怀,还影响了他的处事方法。那就是打消老员工心中的恐慌。

在泰尼森执掌 Nexterna 公司的时候,由于公司规模较小且财务压力较大,所以他不得不做出一些艰难的抉择。他发现一些运营部门效率低下,所以他必须砍掉这些部门,在公司 120 名员工中,大约三分之一要丢了饭碗,泰尼森说:"这会对这些员工及其家庭造成极大的影响。大家都在抱怨 CEO(我不太熟悉)冷酷无情。"

不过,根据当时的情况,他没得选择。泰尼森知道他必须为公司采取正确的行动(但在裁员之前采取的行动并非正确之举)。他感到非常惭愧。

这件事情给他好好地上了一课,也给了他一个进步的空间。如果再遇到同样的情形,泰尼森会对自己的团队更加开诚布公。泰尼森说道:"大家都不想被当作自私刻薄的小气鬼。大家前一秒还觉得生活美好,下一秒就丢了饭碗,这种事我们真的做不到——我们应该让大家知道公司的处境。我们必须要敞开心扉,让大家尽量了解到公司的经营状况。"

自此以后,泰尼森对一切都开诚布公,一切事情都会和大家沟通商量。这恰恰与杨和科拉尔斯基的理念不谋而合,他们倡导团队相互尊重、精诚合作、真诚沟通,希望公司的每位高管都能够与公司同呼吸共命运,能够与公司一起成长和发展。

所以,当他面对老员工的无声抗议时,他知道如何开导自己:"你总是希望向前进步,而不希望自己倒退吧?"

■ ■ ■

在消除了老员工的恐惧和疑虑后,泰尼森又看到了他们身上的另一个问题——疲倦。

每一位有经验的 IT 界人士都深深地明白，如果你所从事的项目要持续数年且要分阶段进行，那么它就会给你带来很大的压力，让你感觉无比疲倦。虽然有时你能看到项目的进展，但随后又会觉得枯燥无味。

所以，泰尼森在解决老员工的这一问题时，主要从两方面入手。

一是从管理策略方面入手。他让所有的人员（包括他的直接下属）进行轮岗，不管是内部岗位还是外部岗位。他在采访中说道："我们要让大家呼吸下新鲜的空气。"

二是从网络控制项目的核心战略方面入手。在这方面，不同的 CIO 有不同的玩法。泰尼森团队采取分开交付的策略，而不是集中完成。"但是在这期间，你必须要保证成功——显而易见的成功，我们首先是对内部系统进行一个大的拆分，然后再对这些拆分模块进行整合。如果项目周期短点还好说，但是如果项目周期长达 10 年之久，那将会非常困难。"泰尼森在 2013 年 2 月的采访中说道。

"后来我们将项目拆分成一个个的小项目，基本上每个小项目都可以在 6 到 18 个月内交付，这种速度对降低疲劳感还是有很大帮助的，"泰尼森如是说，"由于项目可以拆分，所以我们就可以对每一个小的项目的收益进行量化管理，这也是项目拆分所带来的一个好处。"

截至 2013 年 7 月，联合太平洋公司在该项目上已经累计花费了 1.15 亿美元（当时的计划是 2 亿美元），项目成员从最初的 100 人增至 270 人。与此同时，项目的进度已经超过了 60%，其中，在新功能开发上的支出约为 1900 万美元，但这些新功能已经为公司创造了 4500 万美元的年度收益。

公司每年的预算情况大概是这样：网络控制方面 2000 万美元至 2200 万美元，功能优化方面约 2300 万美元。泰尼森说："另外，公司还增加了一个价值约 1900 万美元的新功能模块。"与此同时，他们已经停掉了旧系统约 58% 的模块功能。

现在，泰尼森每年都会与运营委员会总裁、CEO 以及四位执行副总裁碰两次面，让他们核对当前的工作进度、可交付的成果以及即将发布的工作计划，当然其中也包括风险管理。虽然整个项目还没有完成，但是他已经看到了曙光。

泰尼森说："从当前的速度来看，再有四到四年半的时间，我们的工作就可以收尾了。从目前的资金消耗率来看，我们的现金流还很乐观。目前情况非常好。"

■ ■ ■

虽然运输管理系统的改造工作非常庞大复杂，占用了泰尼森大量的时间。但泰尼森与其他 IT 领导不同，他还身兼其他重任。作为一名 CIO，他既负责公司整体的战略规划和部署实施，同时也负责监督技术子公司的运营状况。

泰尼森并没打算让技术部门快速发展，从而与操作系统市场上的微软或 ERP 领域的 SAP 进行直接竞争。他应该是第一个发表这种言论的人。他和弗利兹都说过，2500 万美元的年收入对整个大项目来说可以忽略不计了。

但在交通运输领域，正如泰尼森所说："我们是绝对的老大。"PS 技术公司是我们的一家附属公司，主要提供企业人力资源管理（主要面向铁路人员管理）软件及计时工具等。另外，Transcentric 公司专门为托运人、承运人、第三方以及贸易社区提供供应链软件，这让他们能更清楚地了解到主要地区的库存、交易管理及运输系统支持等情况。

泰尼森为企业带来利益的同时，也让团队成员们增强了信心，让大家知道即使在市场竞争中，他们也是有获胜机会的。虽然对某些人来说，这样做会让他们失去一些东西，但是从长远角度来看，这可以开阔大家的眼界。泰尼森说："当大家明白有些事情是需要一步步去做，并不是仅停留在想象层面的时候，大家的期望及素质也就会有所不同了。他们不再是一个远观者，而是切切实实的参与者。"

基于以上原因，技术才能够将公司推向改革创新的前沿，鞭策大家坚持不懈地努力工作，开发出更加优化、更加耐用、可用性更高的技术工具。

泰尼森无意建立总账或 HR 系统，只是联合太平洋公司从运输管理项目中看到了建立这一系统所带来的好处。为了让自己的系统经得起市场考验，泰尼森及其团队就需要掌握有助于项目发展的最新技术。将市场上切实存在的技术纳为己有便是掌握技术的方法之一。

弗利兹对此也表示赞同。在采访中，弗利兹说道："泰尼森此举是想让我们跟上外部机构的步伐，在技术和思维上不落伍，同时有助于我们获取最新的信息流。我们也可以学习别人最先进的技术，然后再转化成我们自己的知识。"

弗利兹还说："当然，这也是需要付出代价的。如果能开发出一个世界公认的产品，那当然是好事。但这需要很大的财务支撑，好在我们可以通过外部销售进行补贴。"

当然，这样做也不是没有缺点。泰尼森曾经说过："技术团队不能太着迷于将一切行动都商业化。如果商业化太严重，那么下一步可能你的数据库或软件都会商业化，而不是靠软件去促进业务的发展了。因此，我们需要有一个平衡度，并把控好这个度。我们要清楚自己的定位，我们就是太平洋铁路的'传送臂'。"

这也就意味着，他不会为了区区 500 万美元的生意而动用 1 亿美元铁路项目的资源。他不愿意为此耗费时间和精力。请记住，重要的事情永远要放在第一位。他会就子公司的发展目标与吉姆·杨、弗利兹及公司的 C 级别领导进行积极的沟通。泰尼森得到了领导的鼎力支持和绝对信任。"我们就是公司的小尾巴，领导们不希望我们本末倒置。"

当泰尼森首次担任企业 CIO 的时候，IT 部就成功地将技术推向了市场，这让他喜出望外。部门同仁们始终不懈地坚持改革创新，用泰尼森的话说："我被这种精神深深感动，并为之感到骄傲。这并不是说前任领导有什么问题，而是说明我们的队伍需要重组了。"

泰尼森从两方面入手：一是重用有经验的员工；二是通过学校招聘到拥有最新技术的员工。这一举措大大地提高了公司的信誉。联合太平洋公司的其他职能部门纷纷前来寻求合作，这就是最好的证明。

第 5 章
联合太平洋公司 CIO：指挥家林登·泰尼森

但随着技术水平的不断提高，其他业务部门就开始希望 IT 部能帮助它们提高顾问式营销水平。但是，泰尼森的团队有能力用商业的思维去思考问题吗？有能力将 IT 的创造性复制到各职能部门的价值主张中吗？能够确定它们是一个合格的战略合作伙伴而不是一个简单的命令执行者吗？

经过几番挣扎，泰尼森给出了肯定答案。泰尼森及其技术团队参与了定制业务咨询和市场营销的研讨会，帮助公司制订了新的营销计划，树立了全新的品牌形象。而其手下的技术人员则负责培训，很快，联合太平洋公司的每一位 IT 专业人员就成长为了业务发展需要的精英。

他们利用所掌握的技术，不仅可以为大家提供技术支持，还可以在市场上发光发热，甚至能够动企业每一个项目的进行。

■ ■ ■

翻看泰尼森作为 CIO 以来的历史，有些人可能会认为，他始终保持着一名开发者的初心，他推动了改革创新，他为市场培训技术人员，他喜欢在内部进行创造。

而从他娴熟的技术能力、对业务的超强领悟力，以及对指标和绩效的重视程度来看，他就是猎头、业界意见领袖及学术专家心中最完美的 CIO。

弗利兹在采访中说："泰尼森并没觉得自己在改革创新，他只是觉得这件事情好玩，很酷。而他自己又是一名 IT 极客，这让他成为了 IT 界的弄潮儿。他的改革创新不但推动了联合太平洋公司核心业务的发展，也让客户看到了我们的与众不同。这真的是最有力的让 IT 业发展壮大的方法。"

泰尼森也承认，他与一般企业的 CIO 不尽相同。他认为技术是公司的核心驱动力，而不是一个必要条件。他的成功离不开大家的支持——各管理层的同事，以及坚信 IT 会成为一个高于技术的行业的所有同仁们。

他没有后悔成为第一位创新型 IT 领导者。在当今的商业环境下，这真是不同寻常的职位，因为处在该职位上的人需要与那么多的技术供应商、咨询公司和系统集成商打交道。泰尼森说道："可能是由于我们的产业规模比较大，并且我们在这个行业里的地位比较独特，也可能是我个人的偏见，也可能是其他原因。不管是什么原因，但我认为从长期的成本结构来看，所有这些对我们还是有利的，而且我也认为这些有助于我们在某个领域成为一名创新型领导者，帮助我们培养后备军。我真的无所畏惧。"

这种思想已经渗透到他团队中的每一个成员身上了。当泰尼森与总监们（比 CIO 的职位低两级的高管，用泰尼森的话说，就是那些控制一切的人）会面时，他是刁钻问题的制造者。从某种角度来看，角色已经发生了变化，在 Sabre 事业部时，泰尼森的项目曾受到过最严厉的审核，而今他却摇身变成了审判官。

他向总监们抛出了许多具有挑战性的问题，比如"我们接下来将会往哪些领域发展，哪些领域的业务会减少，我们是否获利"，还有"该项目的主要风险是什么？你们的某些工作是否只有一人能胜任？如果有的话，那我们不能放任不管，你打算怎么处理？重新填补，共同完成，还是扩充后备军？"

而这些实际上应该是人力资源部门关心的问题。尖锐的问题来了："如果现在我把整个团队解散，谁会在乎？"

几年前，这些总监们并未就泰尼森提出的问题给出满意的答案。于是，他开始重视业务衡量指标的研究。泰尼森说："对于我们的业务伙伴而言，提高公司的业务衡量指标非常重要。如果你深处运营部，那就意味着你要提高生产速度、员工的生产效率，以及查询系统跟踪效率等。这是你应该关心的，也是你要追求的。"

"我们会说'正好我们可以为你提供最新的技术'，"泰尼森继续说道，"而'全新的技术能推动你公司的衡量指标'这种话我们却不擅长。"

第 5 章
联合太平洋公司 CIO：指挥家林登·泰尼森

在完成对联合太平洋公司的项目重组后，泰尼森就离开了，过着逍遥自在的日子，也许在打高尔夫，也许在去打高尔夫的路上……

据说他曾是一位优秀的高尔夫球手，参加过几项业余比赛。现在他还赞助了一位年轻人进行专业的高尔夫巡回比赛。有时候他还在锦标赛期间做球童，以表示对高尔夫球赛的支持。

泰尼森参加这些比赛，大多是为了放松身心，他说这可以为工作提供一定的帮助。他还说，有时候打高尔夫和技术人员处理技术问题是一样的，都需要一种创新的思维并采用最好的工具。他在采访中说道："正如参加高尔夫比赛一样，要想提高你的技能你就必须留在比赛中，并且不断地努力练习。IT 也一样，要想提高与 IT 相关的技能，也只有不断地努力练习。"

他还说，有时候他感觉自己有点落伍，他也需要不断地学习最新的 IT 知识，以便保持他在尖端技术领域的优势。

为了让自己的技能不落伍，他还参加了一个 Java 培训班。有一次一名 Java 开发人员问他："请问你是一位好的 Java 开发人员吗？"泰尼森以其独特的谦卑方式回答道："开发领域已经是你们年轻人的天下了，我怎么能和你们相比呢？"

Chapter 6

西斯科公司 CIO：
决策者韦恩·赫特斯

2012年10月，韦恩·赫特斯（Wayne Shurts）加入美国西斯科（Sysco）公司。在这之前，他在美国超价商店公司（Supervalu）担任执行副总裁兼CIO。

韦恩·赫特斯曾任职吉百利史威士公司（Cadbury Schweppes），首次担任高级副总裁兼IT总监，并于2008年晋升为企业CIO。

韦恩·赫特斯于1981年入职纳贝斯克公司（Nabisco），担任管理见习员的工作。这一待就是20年，在这20年里，他先后担任销售运营副总裁、北美供应链副总裁和电子商务副总裁等多个职位。

之后韦恩·赫特斯离开纳贝斯克公司加入Principles集团，担任集团总裁职务，协助IBM公司、亚美亚公司和美国强生公司制定利用技术推动业务转型的策略。

《计算机世界》在2013年8月和9月对将近500名IT从业人员进行了调查，它们发现了一个特别有趣的趋势：超过一半的受访者表示他们不希望成为一名CIO。

现任CIO可能并不会对此感到惊讶。毕竟，只有身居CIO职位的人才了解其中的艰辛。每一位CIO每天都要面临艰巨的任务、强大的压力以及变化多端的局面。说实话，许多CIO（包括业内的佼佼者）都无法做到高瞻远瞩。

韦恩·赫特斯就是很好的例证。赫特斯早期就职于纳贝斯克公司，在这期间，他在财务领域、销售领域以及市场营销方面积累了丰富的领导经验。后来他进入了IT界。说实话，IT并不在他的职业规划当中，但当他被任命为纳贝斯克公司销售转型项目的负责人时，IT就成为了他职业生涯中重要的一部分。

第 6 章
西斯科公司 CIO：决策者韦恩·赫特斯

当时，纳贝斯克公司采用的是业界领先的直接配送模式。司机只负责接送货物，销售代表负责货物的陈列并将货物销售给商店经理。他们各司其职，将货物直接卖给消费者。虽然这套流程职责清晰、效率颇高，但会使公司总的开支较大。

纳贝斯克公司知道有八九成的销售代表大部分时间都在从事着货物搬运和产品陈列上架等类似的体力工作。这就意味着他们没时间与商店经理沟通、无法展示更多的产品细节，也没时间从事其他的增值销售工作。

那时候纳贝斯克公司刚刚开始引用大数据对市场进行分析。它们大约有40%的市场份额，而竞争对手奇宝公司的市场份额大约是25%左右。但如果你对商店货架上的商品进行分析，你就会发现，这两家公司的产品所占据的空间却一样大。纳贝斯克公司希望它们的销售代表能将公司产品的优势展示出来。占据的货架空间越大，售出的产品才会越多。

在向麦肯锡公司咨询后，纳贝斯克公司的领导层决定让赫特斯重组整个销售团队。于是赫特斯四处招兵买马组建成了一个项目小组（一线销售新星也被招入麾下），并制订了相应的计划。除了升级系统、改进流程、改善技术外，他们还增加了一套全新的采购工具，该工具会对每个商店的销售数据进行分析，所以他们还需要更多的廉价劳动力。于是，他们扩大市场规模，增加来做体力劳动的低薪人员，这样，销售代表虽然减少了，但他们可以专心从事本职工作了，也最大化地将销售团队的价值释放了出来，使得整个团队变得更加高效，公司成本也随之降低。

赫特斯团队的目标是，在八个月内将这一模式在推出三到四个试点市场上推行，确定可行后，再在18至24个月之内将其推广到全国。但纳贝斯克公司的领导想要看到立竿见影的效果。

那么他们唯一的选择就是不进行试点推行，而是直接推广。但这样只会产生一种结果，"带来一场巨大的灾难，"赫特斯如是说。

快进到20年之后。在成为西斯科公司的CIO前，赫特斯曾在吉百利史威士公司、美国超价商店公司担任 CIO 一职，并且业绩斐然，口碑甚佳。西斯科公司业务技术组的执行顾问汤姆·加尔文（Tom Garvin）列举了一些助推赫尔斯取得成功的关键原则。

赫特斯是第一个提出这些原则的人。它们是从赫特斯的失败经历中总结得来的，并在赫特斯的领导生涯中被不断地完善与改进。

■ ■ ■

反观 20 世纪 90 年代中期纳贝斯克公司的销售转型项目，赫特斯也承认他们的推进速度过快。他们还没有一套完整的数据模型就开始向市场推广，他们也没有做到适当的消息传递就开始行动。有时候，商店货架上甚至都见不到纳贝斯克公司的产品。本来赫特斯的计划是用来改善销售流程的，但失败的策划及推广反倒使其产生背道而驰的作用了。

赫特斯在采访中说道："这种失败的感觉并不好，这可能是我第一次真正的失败。我曾经也失败过，但只有这次让我感觉到很心痛。"

虽然这是一次沉痛的教训，但会对流程的优化改革起到积极的推动作用。因为赫特斯准备把握住机会总结经验教训。

销售项目失败后，赫特斯马上就开始总结其中的问题。这是他上的第一节也是最重要的一节经验教训课。赫特斯说："在企业转型过程中，你不能仅仅专注于计划中的正确部分，你还要知道哪些是错误的，哪一部分有用，哪一部分没用。任何项目都会出现错误，但出现错误后，我们要分析细节并认识到实际工作与我们原本计划的出入，这才是问题的关键。"

另一个重要的教训就是时间问题，有些事情欲速则不达；有些事情只能按顺序进行，不能并行。其实，他们还是有一定的时间来做测试的，如果他们进行了数据模型的测试或者是现场的测试，那么他们可能就会发现其中的问题，从而做出调整，这样，他们的任务就有可能取得成功。让如此重要的项目这么快就夭折，

第 6 章
西斯科公司 CIO：决策者韦恩·赫特斯

赫特斯为此感到懊恼不已。

当他还在独自疗伤时，一个新的机会出现了。纳贝斯克公司当时使用的是 AS400 系统，而它们的销售代表和业务员在商店里使用的却是非智能终端设备。虽然销售代表们拥有每个商店的数据，但却没有合适的工具来对这些数据进行分析，他们当时靠的只是脑子中记忆的某些数据，所以他们很难找到提高销量的机会。

赫特斯曾经想实施的订购工具现在正是时候发挥作用了。纳贝斯克公司之前想引进 SAP 系统来替换老系统，领导们也都希望赫特斯来负责这个项目。

于是，赫特斯重整旗鼓又投入到了新的工作中，他向自己保证："我永远不会忘记上次的经验教训，我发誓再也不能重蹈覆辙。"

∎∎∎

赫特斯认为，他的任务不是引进一套 SAP 系统，而是要解决纳贝斯克公司产品缺货的问题。通过对数据的分析，赫特斯发现缺货问题比他想象的要严重得多。

可是销售代表每个星期都会让商店订货，为什么还会有问题呢？以一个星期为周期来看，订货确实是没有问题的，但事实显示，缺货的情况大多出现在特定的时间段——正值购物高峰期的周末。

大家可能会觉得这是因为最近的仓库库存不足导致的，但只有三分之一的产品情况是这样的，剩下三分之二的产品都是销售代表们没有再次订购而导致脱销。

赫特斯的重要任务之一就是解决这个问题。他为新店的销售团队制定了一个理想的订单量，就这么一个小小的建议，后来竟然为纳贝斯克公司创造了 5000 万美元的利润。

但这项工作并非易事，他需要付出比上一个项目中更多的时间。

他从上一项目中获得的另一个宝贵经验是，必须要与一线人员保持沟通，要下到一线实地考察。赫特斯告诉大家，最好的系统设计不仅要扎根于底层——仓库、商店、餐厅等工作领域，还要与在此工作的人员共同沟通完成。把商店中的每一个流程和细节搞清楚，将这些流程和细节转化成程序员的语言，随后再转化成产品交付到业务人员的手中。

赫特斯在采访中说道："我们会就项目的发展情况与一线工作人员进行沟通交流。我们的系统设计基于对一线的实际考察，而非在总部臆想而成。同时，我们还会去到一线进行试点测试。"

赫特斯带领团队去了位于新泽西州爱迪生市的销售分部，对那里的数据进行实验分析。他马上意识到他们不能同时运行 AS400 和 SAP 两套系统。于是，他们在非正常营业时段安排开发团队到爱迪生市，花费了六周的时间在沙盒中完成了对 SAP 系统的改善，并将 AS400 系统中的每条数据都导入到 SAP 系统中。

在测试过程中，系统集成员告诉赫特斯说项目已经没有问题了，但根据赫特斯的经验，项目测试还没有完成。在接下来的六周内，他们又发现了一系列的问题，正如赫特斯所说："如果当时就那么草草了事，可能就会让我们前功尽弃。"系统测试结束后，他们又花了两到三周的时间修复了所有的 bug（漏洞）。

然后，他们又在爱迪生市待了三个月的时间，对系统做了三个版本的迭代更新。同时他们也将所有的更新迭代在第一时间内传达到了全美的 130 个销售分部。

销售代表们可以使用电脑手写板对货架上的产品进行有条不紊的检查，获得数据分析和销售建议。他们不需要订购产品，只需要在检查完产品后，在需要订购产品的数量文本框中输入零即可。也就是说，这套软件系统帮助他们自动进行库存的管理，并发现潜在的库存问题。

这个项目大获成功。在 20 世纪 90 年代末，纳贝斯克公司在北美拥有最大的 SAP 交易系统，每天约有 13 000 张发货单，但令人惊奇的是，商店缺货的现象反而大大减少了。

第 6 章
西斯科公司 CIO：决策者韦恩·赫特斯

正如赫特斯所说，这次的补救行动是他一生中最为重要的一次事件，也让他平稳地晋升为 CIO。但在他确定担任这个角色之前，他又停了下来。

虽然赫特斯在纳贝斯克公司成功实施了 SAP 系统，但他要仔细地分析 ERP 系统的不足之处。IT 人不会忘记由于重大的系统问题，好时食品公司为 1999 年万圣节准备的价值 1 亿美元的糖果付诸东流。虽然这件事情已经远去，但并没有从根本上消失。

后来，赫特斯专门找到了汤姆·加尔文和其他另外两位同事组建了 Principles 集团，专门帮助企业解决 ERP 系统部署过程中的难题。他明白公司所面临的问题大多都来自公司的管理层，而不是技术层。Principles 集团要成为一家变革企业管理方式的代理公司。

Principles 集团成立于 2001 年 9 月 1 日。没有想到的是，仅仅在公司成立 10 天后，震惊世界的 "9·11" 事件就发生了。随后，整个世界的经济都遭受了巨大的创伤。在萎靡不振的经济环境下，赫特斯团队并没放弃，他们拼搏进取、勇往直前。赫特斯从中获得了非常宝贵的经验，他提醒大家身在一家大型公司应该未雨绸缪，做好充足的资金准备。

随后赫特斯接到了纳贝斯克公司前顾问兼总经理吉姆·钱伯斯（Jim Chambers）的电话，钱伯斯时任吉百利史威士公司美洲总部的 CEO。他正在寻找一位能在美洲运营 IT 的合适人选。但赫特斯非常喜欢他现在的工作，所以起初他并不想离开现在的岗位。

不过赫特斯非常尊敬钱伯斯，也想与他保持长久的关系，于是他决定与钱伯斯聊聊。后来越聊赫特斯越觉得这份工作很有吸引力，他渐渐明白虽然他现在干着咨询的工作，但没有处于高管的位置，世界变化是如此之快，若想赶上时代发展的步伐，他就必须重回高管之位。

最终他在2006年初接受了这份工作，并被任命为IT部高级副总裁（Principles集团现在由赫特斯的兄弟、美国电话电报公司的前任总经理道格与公司的另一位元老共同管理）。短短两年之后，赫特斯就被提升为全球业务部的CIO。有一次，吉百利史威士公司的高级财务总监向他提出了一个有趣的问题："我不明白你做IT时的雄心壮志现在都到哪儿去了？"赫特斯回忆说："这个问题让我深受打击且久久萦绕于心。后来在几个值得信赖的同伴的鼓励下，我开始直面这个问题，'吉百利史威士公司正处于转型期，如果不是我去帮助企业来完成转型，还会是谁呢？'于是我不再回避，开始勇往直前。"

一瞬间，赫特斯醍醐灌顶——他经历了从刚开始接受CIO工作时的迟疑不定，到现在遇到困难时依然笃定前行的转变。他觉得他有合适的工具和方法来帮助公司走出困境。

要敢于不按常理出牌——这一真理为最优秀的IT领导者的职业生涯点亮了一盏明灯。赫特斯在不同的公司担任过各种各样的职位，他曾戏谑说自己的从业生涯犹如"精神分裂"般，这就更加说明了是怎样的力量让他做出如此的决定。其实说来也简单，他扪心自问："在哪里才能够提高自己的能力，最大化实现自己的价值呢？"如果从他早期的职业生涯来看，那他的答案不会是CIO。

他在采访中说道："我走的每一步都是为了最大化地提升自己的价值，提高自己的能力，而不只是为了升职加薪。"

其实他有充足的理由来拒绝这份工作，因为这份工作着实不易——不但要解决各种各样棘手的难题，还要时常四处奔波，没有时间陪伴家人。但是当他看清自己的初心时，答案也就显而易见了。

■ ■ ■

首先，赫特斯并不清楚自己是否要离开咨询行业；其次，他也不确定是否有能力来担任这个全球性的角色。但是，一旦他进入这个角色状态后，他就会发现自己非常喜欢这个角色。在新兴的领域工作让他拥有一种兴奋感，这种感觉就和

第 6 章
西斯科公司 CIO：决策者韦恩·赫特斯

当时虽然预算不足但仍全力为 IT 改革创新的感觉一样。

但是在 2010 年 1 月，经过一系列的谈判后，吉百利史威士公司被卡夫食品公司以 190 亿美元的价格恶意收购了。

赫特斯第一季度的工作重点由此变成了去芝加哥进行公司的收购，CIO 工作倒成了其次。赫特斯注定要找下家了。很多公司向他抛出橄榄枝，他对其中一家公司非常感兴趣——那就是位于明尼苏达州伊登普雷利的杂货店巨头美国超价商店公司。

赫特斯之前一直致力于食品行业制造加工端的工作，但零售端的工作也非常具有吸引力，因为零售公司拥有大量的可以分析和控制的数据。

但美国超价商店公司也在转型。四年前，它以 97 亿美元收购了艾伯森公司（美国最大的药品零售商 CVS 公司和赛伯乐资产管理公司也收购了艾伯森公司的部分业务）。在美国超价商店公司 2009 年末的财报中显示，公司总收入高达 446 亿美元，但净亏损 28.6 亿美元。

赫特斯坦言他可能是"第一个吃螃蟹的人"，但是他需要在公司这段转型的经历中汲取经验。

在前期的调研过程中，赫特斯开始寻找企业转型过程中问题的根源所在。美国超价商店公司在收购艾伯森公司的同时，也收购了其麾下的 Shaw'S、Acme、Jewel 等几家连锁杂货店铺。其实早在 1998 年艾伯森公司收购美国百货公司时，它就将这些连锁杂货店铺纳入囊中了。

但问题是，美国百货公司从未对其麾下营业公司的体系进行过整合。每一家公司都还保留有原来的营销机构。当时美国超价商店公司采取了所谓的"超融合"解决方案，旨在将庞大的销售和潜在的购买力结合起来。

赫特斯 2010 年 4 月就任 CIO 时，美国超价商店公司的"超融合"项目已实施了整整三年，当时公司的市值约为 2 亿美元。公司的发展速度显得有些缓慢。

虽然已经开始实施新的通用销售体系了,但公司底层依然存在着各种各样的体系,"超融合"项目的实施貌似并不顺利。其中一部分原因是项目的支持者——项目启动时的 CMO 和 CTO 让公司在一年半的时间内完成"超融合"方案。

赫特斯说:"这太糟糕了。实施团队一直希望能给予更多的时间和资金。在我到任前一年,他们又请求董事会再多给他们一年的时间,预算也要再增加 5000 万美元。六个月后,他们又提出了同样的要求,没完没了……六个月过去了,赫特斯到任后,董事会听到的还是无尽的帮助请求。"

有些人认为只要再多投入些资金,情况就会好转。但在赫特斯看来却不然,曾经的状况已经给大家养成了一种懒惰和不作为的习惯,赫特斯对公司的现状分析完之后认为,如果按照这种情况发展下去,即使再过三年也无法完成企业的转型。

"超融合"项目已经不再只是一个企业转型项目,而成了一个 IT 项目。从企业的现状中,大家看到的只有拖拖拉拉,却没有尽头。根本没有人相信这个项目会成功。

后来企业领导问赫特斯,公司能否在规定的时间内完成"超融合"项目,并帮助公司扭亏为盈?说实话,即使先前计划的扩展修复工作奏效,可能也来不及了,而且单单在资金的花费上,公司可能就承担不起。

在赫特斯入职后的第二周,他问公司高层领导为什么大家还在做公司系统的整合工作,但是没有一个领导知道除了继续原来的整合方案还能做什么。

在赫特斯入职后的第六周,他决定停掉所有的整合项目,重新对公司的所有系统进行详细的分析,然后再决定是否继续。

■ ■ ■

赫特斯马上制定了一个全新的策略:首先要承认不同的体系并列存在这一事实,其次停止实施耗时、耗钱且无价值的 ERP 项目,采取灵活高效的游击战略。

"这可能与之前的策略截然不同。"赫特斯坦言道。

IT 部将工作重心转到了创建"企业转型"工具上来——凌驾于现有系统之上的应用程序,但营销总监有权就库存管理、产品减量、产品促销以及其他的主要方面提供更明智的决策支持。领导层对赫特斯的决定鼎力支持,终于有人能够力挽狂澜了,他们感到无比欣慰。虽然 IT 部的重心转移到了项目上,但多数 IT 技术人员都觉得赫特斯的决定是明智之举,甚至是最明智之举。

如何定义我们要创建的应用程序的性质是很关键的。"足够好"是赫特斯经常挂在嘴边的一个词。IT 部的一些同仁们并不满足于此,他们在产品设计和代码开发方面一直追求的是完美极致。所以当赫特斯再次回过头来审视之前项目的延误问题时,他发现态度是导致项目拖延的最主要原因之一。

IT 专业人士觉得"足够好"其实就是"马马虎虎",他们认为如果按照赫特斯的说法去做就有可能导致应用程序存在 bug,如果不把事情做到极致完美,那就是天大的错误。

赫特斯说道:"他们哪里是在按规则设计,他们简直是要让一切设计都近乎完美。所以我们直言不讳地告诉他们在公司当今的环境下,今天的一点点进步都胜过以后所谓的完美无瑕。"

赫特斯对公司的经营状况做了进一步的强调。虽然他觉得大部分技术人员还未意识到实施此平台的必要性,但他还是要告诉大家采用这个平台势在必行。几个月后,IT 团队中居然还有人坚持着旧有的想法。说到底,这些思想固化、不与时俱进的人其实是对赫特斯的战略持怀疑态度。赫特斯坚持要靠成绩说话,一次次的成功会让大家产生动力。一旦有了动力,IT 技术人员对他的策略就不再怀疑了。这会帮助技术团队找到新的任务方向,也会让大家找到工作中的乐趣。在实施 ERP 项目的苦差中,他们从未有过这种感觉。

汤姆·加尔文在采访中说道:"这让整个公司从思想和行为上都发生了翻天覆地的变化,后来公司不但实现了盈利,而且在传递着一种价值。赫特斯向大家阐述了他的做事原则——你必须要脚踏实地。不然的话就是在装腔作势。"

后来赫特斯又制定了一系列的策略，还开发了业务体验项目，强制要求每一位IT员工都要花几天时间到一线去进行体验。比如，如果你对仓库管理系统感兴趣，那么你就应该花上几天的时间对仓库管理系统的各项功能做一个细致的了解。其实这样做的真正目的是，促进每个人对不同部门工作的了解，同时也能让他们指出公司项目中每一个环节的问题，从而对改进系统提供一定的帮助。这确实效果显著。

另外，赫特斯觉得IT部官僚主义过盛，ERP项目就是最好的例证之一。如果团队想要灵活高效，那么就不该被现有的项目管理政策所羁绊。因此赫特斯成立了一个名为"IT精简部队"的小组，他和小组成员携手来梳理企业的核心流程并寻找全新的高效方法。起初流程负责人对这一决定并不赞同，但是在赫特斯及其领导团队的努力说服下（就像之前对付胆小又精益求精的技术人员一样），他们终于妥协了。

但是仍有很多技术人员希望能制定一套放之四海而皆准的策略，这样任务来的时候，他们就知道具体该怎么做了。赫特斯觉得没必要，如果我们对每一个未知数都要未雨绸缪的话，那我们岂不是就又回到了官僚主义的老路上。

为了打破僵局，赫特斯及其团队又创造出了一个新规则，即"深思熟虑、行动起来"。技术人员必须在最短的时间内（三周或三个月，而不是三年），找到"足够好"的解决方案，这是其一。另外还包括技术问题的解决原则。"这就是你们需要的一切，"赫特斯说道，"我之所以将你们招致麾下，是因为你们聪明能干，而不是因为你们对既定流程死守不放。"

行动起来吧！这就是我要告诉你们的。忘掉过去的官僚主义吧！那种等待多级领导审批流程的日子将一去不复返了。对每个问题深思熟虑，然后做出正确的决定，这才是你们该做的。在赫特斯看来，如果员工们做错了其中的20%，那也没有关系，毕竟剩下的80%是正确的。

第 6 章
西斯科公司 CIO：决策者韦恩·赫特斯

在公司担任 IT 顾问的加尔文将这一原则称为"解放思想"。

赫特斯很快便全身心地投入到了工作中。停掉那个庞大复杂且烧钱的 ERP 项目好像就是眨眼间的事情。赫特斯又为公司制定了全新的战略。期间他还重塑了整个企业的文化并且取得了他想要的结果：为商店主管上了一套全新的应用程序，企业的诸如库存和订单管理等问题得到了明显的改善。

∎ ∎ ∎

数年来，赫特斯担任过各种各样的角色，但无论他走到哪里，办公桌上都会摆放着一张同样的照片——1862 年 10 月，亚伯拉罕·林肯总统拜访乔治·麦克莱伦将军（General George McClellan）时在安蒂特姆河畔留下的合影。当时距麦克莱伦将军带领士兵浴血奋战击败南方联盟军队还不到一个月的时间。如果你仔细看照片上林肯总统的裤腿，你就会发现上面沾满了泥土。赫特斯说道："在内战期间，即使总统也要不辞辛苦地站在最前线。"

我们再回到纳贝斯克公司那个失败的项目上来。该项目失败的主要原因是公司缺乏一线考察，次要原因是赫特斯及其团队未真正搞清服务对象。

2013 年 10 月，赫特斯在美国西斯科公司的会议室向大家重申了人文关怀意识，他向大家说道："我们不仅要关心自营公司，还要关注客户。这其中的切入点就是要设身处地地与企业、客户建立紧密的联系。"有些人及公司认为"企业"并非为客户和员工服务，对于这一观点，赫特斯不敢苟同。"好多公司本末倒置，"他坦言，"他们认为一线人员应该为企业服务，我们应该打破这种固定思维。"

赫特斯也发现 IT 团队内部缺乏沟通联系，他说道："有时候一些技术团队为了规范企业的管理，可能会将技术团队分成不同的支持级别。比如，当有人提交问题的时候，首先会在工单系统中创建一个工单，然后提交到一线 Helpdesk 那里。如果 Helpdesk 解决不了，那么 Helpdesk 就会将该工单提交到二线技术支持团队那里……直到该问题解决为止。其实这时候核心的技术团队相当于隐藏在了后面，这并不是一个很好的解决方案。"

赫特斯告诉他的团队，如果我们的核心技术团队都隐藏在后面，那么提交工单的客户可能就会很不高兴。这些客户可能会由于这个问题导致他们的某些货物不能被及时地送达，这反过来就会影响企业的销售业绩。于是赫特斯向他的团队说道："无论你是哪个技术团队的成员，你都要时刻把自己放在烦琐的业务流程中，而不是安全舒适的后台，要时刻根据客户的需求去做一些相应功能的开发与调整，不要闭门造车般地单凭自己的想象去处理那些工单问题。"

这时候，他想到一档老牌电视节目——奥马哈互助保险公司的《野生动物王国》(*Wild Kingdom*)。其中主角马林·帕金斯（Marlin Perkins）有一个亲密的朋友吉姆·福勒（Jim Fowler）。吉姆总是干着一些吃力不讨好的工作，而帕金斯却安全地坐在他的小船上，看着他的朋友吉姆与鳄鱼搏斗。赫特斯希望他的团队能像吉姆那样敢于与鳄鱼搏斗。他宁愿像林肯总统那样穿着脏兮兮的衣服与士兵们在一起并肩作战，也不要做那种甩手掌柜。这就是为什么无论在哪里工作，赫特斯都会把那张老照片放在他的办公桌上的原因了。

■ ■ ■

其实那张老照片还有另外一层含义，那就是通过这张照片，他能够时刻提醒自己如何领导团队和激励团队。据历史学家回忆，林肯总统拜访身在安蒂特姆河的麦克莱伦将军的真正目的是鼓励他重返战场，毕竟当时的初战告捷还不足以扭转南北内战的局面。

努力参与到一线的工作环境中，这就是赫特斯的工作方式。当年林肯总统也是这样做的，今天赫特斯也是这样做的。赫特斯作为一名 CIO 经常鼓励他的团队成员走到一线去与其他部门多沟通，去了解它们的需求，然后再回来工作。

赫特斯在采访中说道："我在第一次失败中得到的经验教训是，对于可能出现错误的地方一定要重点把控，一定要肯花时间去仔细做事，并预测可能出现的问题。这些已经深深地扎根于我的灵魂当中了，据我多年的经验判断，无论管理什么项目，如果缺乏大局意识，那就肯定会遇到或多或少的麻烦。"

这又让他想起了其职业生涯中另一件重要的事情：必须要站在足够高的角度去看待那些最基础的 IT 工作。赫特斯说道："对于我们这个新平台，只要营运部分需要的核心服务做得足够好，那就没有问题，但是核心服务方面还需要做很大的改进。如果我一开始就把这个项目平台交付给所有的部门来评估，那么它们可能就会问我们一堆问题，比如'你们为什么不将你们的平台做完善之后再推出来，这样就可以保证基本的业务正常进行？'其实我们不是不将系统完善，而是脱离了业务的完善是不完美的，我们需要让业务及相关部门一起来参与我们的完善修复过程。"

这也是赫特斯的优点，能够在艰难的环境中做出正确的决定，这无疑在他的职业生涯中为他提供了很大的帮助。他在采访中说道："不过奇怪的是，我做了很多正确的、理所当然的决定，其他人却没有做到。我并不是一个天才，有时候我只是做了一件理所当然的事情。"

这显示了赫特斯的谦虚品质。在采访中，加尔文说道："赫特斯与其他的领导者不尽相同，不管是在参加常务会议时、与董事会沟通时或与其领导团队坐下来交谈时，还是在市政厅演讲或在当地星巴克买咖啡时，他始终保持着礼貌谦逊的态度，从来不会居高临下。这主要是因为他始终关心的是人，而不是项目和方案。"

工作之余，赫特斯会与家人共度美好的时光。他赞助了几支棒球队，包括纽约巨人队、纽约洋基队、新泽西魔鬼队以及他的母校理海大学队等。但说到工作，从言语中能感受到，他最喜欢做的事情就是解决问题、提升自己的价值。

"这就像魔法世界一样，唯有我的技术团队可以改善员工和客户之间的关系，这是不是很有意思？"赫特斯说道。

Chapter 7

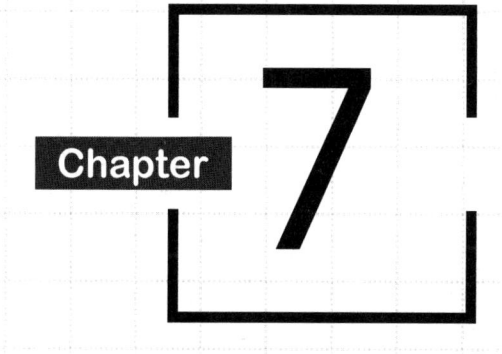

康西哥公司 CIO：
现实主义者唐·艾姆赫尔兹

唐·艾姆赫尔兹（Don Imholz）在 IT 领域有 30 多年的管理经验。他也曾在金融、制造及供应商管理领域担任管理职务。

艾姆赫尔兹于 2008 年 9 月加入康西哥（Centene）公司，担任 CIO 一职，负责管理与 IT 及共享服务（如索赔处理）相关的工作，主要业绩包括完成了公司的几个重大战略信息系统、扩大了互联网在公司的使用范围，以及为公司创建了行业内领先的业务分析系统，促进了公司的发展。在任期内，艾姆赫尔兹带领团队获奖无数。后来艾姆赫尔兹担任康西哥子公司 Casenet 的董事会成员，该子公司主要负责对医疗行业先进管理系统的开发与技术支持。

唐·艾姆赫尔兹在进入康西哥公司之前还曾自己经营过一家咨询公司，主要向多个行业提供相关的技术咨询服务。康西哥公司就是他的客户之一。艾姆赫尔兹在航空航天领域浸淫多年，先后在麦克唐纳·道格拉斯公司和波音公司任职，负责管理麦克唐纳·道格拉斯公司信息业务服务部，并担任过波音公司综合防务系统服务部 CIO 一职。2008 年从波音公司离职时，他手头上正管理着此公司世界信息系统开发及支持的工作。

唐·艾姆赫尔兹拥有华盛顿大学信息系统管理硕士学位及行政工商管理硕士学位，密苏里大学圣路易斯分校 MBA 学位，后来又获得密苏里大学圣路易斯分校工商管理学院杰出校友奖。唐·艾姆赫尔兹还在宾夕法尼亚大学沃顿商学院及西北大学凯洛格学院参加各种经理培训班。

在教育方面，艾姆赫尔兹一直积极地参与各种教育活动。他曾是信息技术应用中心理事会会员并担任过主席职位，华盛顿大学信息管理硕士研究生咨询委员会成员，密苏里大学圣路易斯分校商学院领导委员会及其信息系统委员会委员，韦伯斯特大学附属学院客座教授并开发了该学院的信

第 7 章
康西哥公司 CIO：现实主义者唐·艾姆赫尔兹

> Confessions of a Successful CIO
>
> 息系统课程。艾姆赫尔兹也是众多会议及机构的主要发言人，还是非营利组织家庭资源中心董事会的成员（该组织主要为圣路易斯地区提供多方位的社会服务）、圣路易斯动物园委员会董事会成员。
>
> 艾姆赫尔兹有四个女儿、五个外孙，喜欢旅行、打高尔夫和读书。

2007 年的秋天，唐·艾姆赫尔兹做出了一个重大的决定——辞去波音公司与麦克唐纳·道格拉斯公司的职务，离开他奋斗了 30 余年的国防和航空航天领域，去尝试一些新鲜的事物。

对艾姆赫尔兹来说，找份工作很容易。他已经在工作上花费了太多的时间。接下来的日子，他希望能留出更多的时间来陪伴家人。然而，奔波的生活并未结束。2008 年年初，在他飞往加利福尼亚州拜访完客户后的一个晚上，他收到了一封奇怪的语音邮件。

邮件是康西哥公司的首席行政官（CAO）卡罗尔·高德曼（Carol Goldman）发来的，邮件内容是收到邮件后给高德曼回电话。康西哥公司是一家卫生保健服务公司，1984 年在圣路易斯创立。艾姆赫尔兹在圣路易斯度过了他的整个职业生涯，却对这家公司鲜有耳闻。

当他打电话给高德曼的时候，高德曼开门见山地问他是否对公司的 CIO 一职感兴趣。当时这家公司正处于飞速发展期，面临着充满刺激的全新挑战。但艾姆赫尔兹是马上就要退休的人了，况且他一直浸淫在咨询领域。不过他还是决定与高德曼见面聊聊。

康西哥公司一直想寻找一位经验丰富的 IT 高管加入它们的领导团体。2007年，该公司的营业收入同比增长了将近 25%，而且根据公司当时的发展情况来看，未来的增长趋势还会更好。但是现在它们急需一位合适的 IT 高管。当公司高层及董事会成员在询问周边相关人员的意见时，许多人都向他们推荐了唐·艾姆赫尔兹。

当康西哥公司辗转找到艾姆赫尔兹时，他却说自己还没准备好回归职场。他需要考虑一下。

转眼几个月过去了，艾姆赫尔兹再次接到了康西哥公司的来电，这次打电话的是康西哥公司的财务总监，他询问艾姆赫尔兹是否改变了主意。艾姆赫尔兹依然回答说没有，但是他愿意考虑考虑。

又过去了几个月，康西哥公司的财务总监找到了当地一家咨询公司的老板乔·勃勒姆客（Joe Blomker），他告诉勃勒姆客康西哥公司求贤若渴，非常希望能找到一位合适的 IT 主管，不知道勃勒姆客是否有推荐人选？勃勒姆客说："当然有，我这里正好有一个合适的人选可供你选择。"财务总监接着问道："方便透露一下他的姓名吗？"勃勒姆客说道："唐·艾姆赫尔兹。"

这并非巧合。虽然圣路易斯也是一个大城市，但 IT 这个圈子并不大。艾姆赫尔兹和勃勒姆克不但是关系亲密的老朋友，而且他们还彼此承诺当遇到合适的项目时会为对方推荐。对于艾姆赫尔兹来说，勃勒姆克可以为他提供工作机会；而对于勃勒姆克来说，艾姆赫尔兹可以给他提供相应的技术支持。

于是在勃勒姆克的引荐下，三个人在康西哥公司总部见面了。财务总监向艾姆赫尔兹诚恳地说道："我希望你能加入我们的公司，即使不能全职工作，你也可以兼职或者担任技术顾问，这些合作方式我们都可以接受。"

合作便自此开始了。艾姆赫尔兹答应可以先就康西哥公司当前的 IT 状况进行一段时间的咨询和评估工作。后来他才知道，康西哥公司原来是在邀请他参加 CIO 候选人的选拔——这只不过是漫长岁月中的一段小插曲罢了。

这时候艾姆赫尔兹意识到，他已经被财务总监说服了。2008 年 8 月中旬，艾姆赫尔兹改变了原来的想法，从最初对全职工作的"断然拒绝"变成了现在的

第 7 章
康西哥公司 CIO：现实主义者唐·艾姆赫尔兹

"可以尝试"。他回家告诉他的太太，康西哥公司想让他全职工作。他的太太说道："原来你现在还是在兼职啊，我一直以为你在全职工作呢。"于是 2008 年 9 月初，康西哥公司对外发布了艾姆赫尔兹成为公司 CIO 的任命公告。

从国防和航天航空领域跨越到卫生保健领域，多数 IT 高管是不愿意跨越这一步的，或者说是很难把控这样的跨越的。因为行业变了，思维也要跟着变，这样的挑战是巨大的。但艾姆赫尔兹做到了，他真是一名传奇的 CIO。

在 2013 年 6 月的一次采访中，艾姆赫尔兹回忆起这次转型，他坦言是职业生涯中那些最惊心动魄的时刻赋予了他快速转换思维的能力——彼时世界发生了巨变，IT 行业面临着重塑的考验，而他就站在这场巨变的前沿阵地。

■■■

在商业世界里浸淫 30 多年，唐·艾姆赫尔兹有幸见证了几场惊天动地的技术巨变。

主机技术、客户端服务器技术、数字化技术或者移动技术——随你怎么叫它，这些技术每隔几年都会出现巨变。在这一变化过程中，必定要有一个改变 IT 游戏规则的人，于是艾姆赫尔兹冲在了最前面——从事 IT 外包业务。

1989 年，柯达公司决定将部分 IT 业务外包出去，于是将大型机业务外包给了 IBM 公司。这笔为期 10 年价值 30 亿美元的交易不仅确立了 IBM 公司作为 IT 服务商的地位，也将外包（这起码是一种商业策略）这一词纳入了各个企业的词典之中。

凯茜·哈德森（Kathy Hudson）是柯达公司信息系统总监，在 1991 年 9 月《财富》(*Fortune*) 杂志上发表了一篇文章，阐明了公司做出这个决定的初衷，采访中哈德森在文中提道："IBM 公司是数据处理方面的个中好手，而柯达公司在这方面则差强人意。"

艾姆赫尔兹以前在航空航天巨头麦克唐纳·道格拉斯公司时，地位就一直不断稳步提升，所以对他而言，外包并不是一件陌生的事物。从某种意义上来说，外包其实就是一桩不错的买卖。艾姆赫尔兹刚加入麦克唐纳·道格拉斯公司时，公司就将食堂工作、保洁工作及防卫工作包给了圣路易斯总部的人员。

艾姆赫尔兹在采访中说道："如果你直接雇用这些人员，时间越长，你就会发现对这些人员的工资和福利支出也就越多。关键是，你公司的核心业务并不在这上面。"他继续说道："除了每年的员工工资增长之外，还有各种福利待遇也会跟着上涨。"继柯达公司将IT业务外包给IBM公司后不久，麦克唐纳·道格拉斯公司也陷入了困境。公司国防业务面临的竞争越来越激烈，公司的资金流出现了问题。因此，CFO开始从财务的角度来严格审查公司所拥有的资产。

什么是战略资产，什么不是战略资产？虽然这个问题非常宽泛，但如今麦克唐纳·道格拉斯公司也不得不对这些进行详细的审计。在决定实施外包之前，公司需要进行大量的调研工作——比如要对20年来的经典外包案例进行研究；求教经验丰富的专业顾问，等等。只要能想到的都要一试。麦克唐纳·道格拉斯公司搜集了柯达公司的所有情报，对柯达的外包案例做了详细的分析，但也不过仅此而已。毕竟一家航空航天业务公司和一家胶卷业务公司有天壤之别。

经过深思熟虑后，CFO决定将非战略型资产中的IT服务外包出去，这不仅可以给公司带来一定的现金流，还可以让公司将重心放在核心的航空航天领域。其实这种想法和柯达公司并没有什么不同，它们都采取了同样的战略决策。

与柯达公司一样，麦克唐纳·道格拉斯公司也找到了IBM公司。当时艾姆赫尔兹作为IT部的总经理并不认为外包是明智之举，但是公司高层已经拍板了，他也无能为力。

艾姆赫尔兹明白外包工作将让他面临很大的挑战，包括工作效率的下降、企业文化的转变以及员工内心的惶恐等问题。

他想知道，如果按照公司的想法将所有的IT服务全部外包出去，那么他将何去何从？

第 7 章

康西哥公司 CIO：现实主义者唐·艾姆赫尔兹

一般的 IT 领导者在谈起 IT 外包决策的时候大多报喜不报忧。而艾姆赫尔兹则不同，他会一五一十地告诉你事情的来龙去脉。

比方说他从来不避讳谈起文字处理器决策的事情。在 PC 时代初期，作为麦克唐纳·道格拉斯公司平步青云的一位 IT 领导，艾姆赫尔兹被寄予厚望，公司希望他能找到一款既可以帮助公司平定混乱，又可以发挥公司计算能力的产品。

艾姆赫尔兹在翻阅《个人电脑》（*PC Magazine*）杂志时发现 IBM 公司的显示书写器产品在畅销榜上名列前茅，于是就采购了 IBM 公司的 Lotus 产品。但 18 个月之后，他们决定换成别的产品。这次要在 Corel 公司最热销的 WordPrefect 工具和新入市的 Microsoft Word 之间选一款。

公司员工分成了两派，大多数人从性能方面考虑支持 WordPerfect，小部分人则支持微软的 Word。

最终 WordPrefect 胜出。在采访中，艾姆赫尔兹说道："其实我对使用哪款软件都无所谓，只要能提高办公效率就可以。"

艾姆赫尔兹总是能受到上天的眷顾。后来他开始负责改进麦克唐纳·道格拉斯公司的 eHR 系统。当时他了解到在硅谷新成立了一家名为仁科的创业公司，该公司开发了一套 eHR 系统。虽然该公司刚起步，但其产品还算不错，而且有一些客户已经在使用它们的系统。

于是艾姆赫尔兹和麦克唐纳·道格拉斯公司的人力资源总监一起飞到了加利福尼亚州的核桃溪市，考察了一下该公司，并拜访了该公司的创始人戴维·杜菲尔德（Dave Duffield）先生。经过与杜菲尔德的深入沟通，他们觉得该公司虽然是一家创业公司，但无论从其核心团队，还是盈利模式来说，该公司都一定不会让他们失望，于是他们当即决定使用仁科公司的 eHR 系统。数年以后，仁科公司发展成了一家金融平台公司，麦克唐纳·道格拉斯公司也就成了仁科金融平台的第一批客户。直至 20 年后，两家公司的合作仍在继续。艾姆赫尔兹说："其实这是个双赢的过程。"（杜菲尔德在 2004 年以 103 亿美元将仁科公司卖给了甲骨文公司，继而创建了 Workday 人力资源系统。截至 2013 年 11 月 15 日，该公司的市值已经达到了 131.4 亿美元。）

如果 CIO 决策正确，那么其他部门的领导就认为这很简单。如果 CIO 的决策错误，那么他们就会对 CIO 横加指责："你到底是怎么想的呀？"但无论怎样，正如艾姆赫尔兹所说，其实大型软件的采购或者 IT 业务的外包并不是大家想象中的那么简单，它们既费时费力，又需要耗费资金，甚至有时候还会导致业务中断。不仅要全面考虑到这些事情，还要对每一方面进行详细的评估。

在艾姆赫尔兹的职业生涯中，这样孤注一掷的决定，他做过很多次。但麦克唐纳·道格拉斯公司的 IT 外包项目是最棘手的一次。

■ ■ ■

在柯达公司 IT 外包项目成功后，许多业内专家预测将来大公司都会将 IT 业务外包出去。虽然这种趋势未像野火般蔓延，但是在随后的几年里确实出现了几个大型的外包项目。

1992 年年底，当时美国最大的武器承包商麦克唐纳·道格拉斯公司公布其收入减少了约 62%，但它们商用机分部下的 C-17 货机生产线依然在继续烧钱运营。

于是 IBM 公司找上门来。当时麦克唐纳·道格拉斯公司坐拥大型的办公楼和高品质的大型计算机，IBM 公司想收购这些资产，包括艾姆赫尔兹带领的技术团队。

CFO 赫伯·莱妮丝（Herb Lanese）又一次从中看到了商机。艾姆赫尔兹回忆道："他认为'不过是几台计算机而已。而且 IBM 公司更擅长管理计算机。我们为什么不与它们合作呢？'"

IBM 公司不但愿意出钱，而且拥有更好的管理技术。然而，并非所有人都这

第 7 章
康西哥公司 CIO：现实主义者唐·艾姆赫尔兹

样认为。

当时的技术发展迅猛。主机技术正逐渐被创新型的分散式计算所取代。艾姆赫尔兹说，许多企业高层将 IT 看成了企业发展的命根子。麦克唐纳·道格拉斯公司是一家生产精密产品的工程公司。如果没有尖端的计算机系统的支持，它们怎么可能设计出下一代最先进的飞机呢？

后来虽然还存在一些不同的声音，但已经不那么重要了。因为 IT 部已经将这件事汇报给了 CFO。当公司出现财务困难的时候，CFO 的决策权更大一些。

这时艾姆赫尔兹很清楚，他不得不放弃自己的坚持。他不知道自己能坚持多久，但只要是为了公司好，他愿意迎头而上。

尽可能对所有员工坦诚相待是他的做事风格。在麦克唐纳·道格拉斯公司与 IBM 公司签署为期 10 年价值 30 亿美元的外包协议之前，艾姆赫尔兹还在与大家谈论正在发生的这一切。他告诉大家 IBM 公司想要雇用整个技术团队。

对艾姆赫尔兹来说，在 IBM 公司工作也并不是不好。他在采访中说道："如果你是一个 IT 人员，你可能会觉得在专业的 IT 公司工作比在航空航天公司工作更有前途。"

艾姆赫尔兹也只是和自己的员工这样说说而已，他必须要自己拿定主意。

■ ■ ■

后来，除了少部分人拒绝加入 IBM 公司以外，几乎所有的员工都得到了新的工作机会。

艾姆赫尔兹知道选择留在 IBM 公司的一部分人会一直在此工作到退休。对于那些真正想在 IT 行业有所发展的人来说，IBM 公司确实是一个很好的去处。

他也知道，有些人很快就会丧失斗志。因为对于某些人而言，留在 IBM 公司也存在一定的局限。如果你想进入航空航天领域并在该领域发展自己的一份事业的话，那么转到 IBM 公司可能就不是一个正确的选择。

艾姆赫尔兹也面临着同样的问题。在外包项目完成的前几天,他的未来尚不明朗,但艾姆赫尔兹并不太担心。在艾姆赫尔兹接管计算机服务部前,他曾在麦克唐纳·道格拉斯公司的航空部担任IT高级主管一职,并且在那里颇有人脉,大家也都很尊重他。

如果麦克唐纳·道格拉斯公司不能给艾姆赫尔兹提供好的职位的话,IBM公司乐意把他挖过来。在采访中,艾姆赫尔兹说道:"其实IBM公司做事也很精妙,如果我继续留在麦克唐纳·道格拉斯公司工作,那么我肯定还会与IBM公司进行合作,因为我们的许多员工已经进入IBM公司了。如果我去IBM公司工作,那么它们肯定会利用我的关系与麦克唐纳·道格拉斯公司进行合作。"

艾姆赫尔兹已经在航空航天领域工作了18年,孜孜不倦地学习着航空航天领域复杂的行业知识。他早就决定要在航空航天领域大干一场,他不想让曾经的努力白白浪费,所以艾姆赫尔兹最终还是留在了麦克唐纳·道格拉斯公司。

在麦克唐纳·道格拉斯公司和IBM公司达成协议的前两周,艾姆赫尔兹成了麦克唐纳·道格拉斯公司航空部的IT领导者。他曾设想过一万种可能,但万万没想到自己会成为航空部门的IT领导者。他也意外地成了IBM公司最大的客户。

几年之后,艾姆赫尔兹离开了IT部,进入了航空业务部。之前他对航空业务部的工作知之甚少,而这次到航空业务部任职让他对这一部门有了更深入的了解。后来,按照公司继任管理的规定,艾姆赫尔兹分别在不同的财务岗位上进行轮岗工作。艾姆赫尔兹拥有行政工商管理硕士学位和信息系统管理硕士学位,又在公司的资助下取得了MBA学位。通过此番轮岗,艾姆赫尔兹获取了业务经验,让他成为了一个既有学历又有能力的管理人。

1997年8月,麦克唐纳·道格拉斯公司以130亿美元的股票交易价格并入了波音公司。后来艾姆赫尔兹被任命为联合公司国防业务部的CIO。几年之后,波音公司整合了所有的IT业务。艾姆赫尔兹被任命为公司应用程序开发及支持小组的领导,同时兼任国防业务部的CIO。随后公司的一切应用程序开发及支持工作

第 7 章
康西哥公司 CIO：现实主义者唐·艾姆赫尔兹

全部交由他来打理。

这些年来波音公司的发展如日中天，生意不断。但从艾姆赫尔兹自己的职业生涯来看，他已经完成了他的使命。他也很清楚好的时代不可能一直持续下去，所以，他打算离开波音公司，去尝试做一些新的事情。

■■■

IBM 公司的外包项目是否拯救了麦克唐纳·道格拉斯公司，这一点的确很难说。但有一点不置可否，在麦克唐纳·道格拉斯公司的资金流陷入困境时，外包项目给它们带来了希望。虽然它们当时也有其他的路可走，但最终的选择毕竟还是 IBM 公司，所以 IBM 公司功不可没。

针对飞机制造业来说，现金流非常重要。一位高管告诉艾姆赫尔兹，通过与 IBM 公司的合作，麦克唐纳·道格拉斯公司 MD-11 机型的订单量远超预期，这不仅为麦克唐纳·道格拉斯公司带来了大量的现金流，也为其赢得了高额利润。

虽然与 IBM 公司的合作也给公司带来了一些问题，但总体来说还是利大于弊。麦克唐纳·道格拉斯公司的高级财务领导肯·劳勒（Ken Lawler）说道："这就是现金和消费驱动模式。当时大家还不知道 IBM 公司已经有了自己的大型数据中心，并且有大批客户与它们一起分担费用。因此，我们可以通过与 IBM 公司的合作快速地增加我们的现金流，并为公司创造效益。"

不管怎样，这些教会了艾姆赫尔兹在做决策时要以公司的最大利益为前提。而今艾姆赫尔兹再考察外包项目时，他更看重公司的核心业务及当下的环境。只有公司对自身的发展方向以及推动品牌发展、提高市场份额及竞争力的因素清楚明了后，公司才能更好地发展壮大。

艾姆赫尔兹又想到了自己曾经雇用的那些餐厅工作人员、门卫人员以及保安人员。美国公司曾经大换血，现在如法炮制就可以了。但是他曾经说过，如果仅仅是针对一些常规的后勤部门还好一点，但如果涉及 IT 部，那就会非常复杂，因为所涉及的不仅是增员、裁员或换人那么简单。

但有时候也需要做减法。他以数据库管理为例：30年前公司使用的还是自己开发的系统，所有的数据库都是自己的人员开发设计的；现在市场上的系统丰富多样，没有几家公司再愿意自己开发系统了。

基于净成本效率提高、性能改善，或者一些其他的合理理由，公司有时候也会将桌面帮助或应用开发等工作外包出去。艾姆赫尔兹说："但无论是将什么业务外包出去，首先要从战略角度出发去考虑这件事情，然后要对这件事情进行财务成本核算，最后才是选择合适的合作伙伴。我认为如果你按照这种方式来处理业务外包，结果肯定会是好的。我并不是说要搞一刀切，也不是说所有的事情都应该由我们自己来做或者一股脑地都外包出去，而是说处理外包事务一定得有合理的逻辑分析。"

但不管如何，公司将会不断地迎来各种各样的挑战，也会不断犯错。艾姆赫尔兹认为公司犯得最大的一个错误就是"将解决不了的问题直接外包出去"。艾姆赫尔兹继续说道："如果你自己都不能将这些问题处理好，那么你就不应该将这些事情外包出去。因为管理的责任和风险并没有消失，如果你想将一件事情外包出去，那么首先你得有解决该问题的能力和方法。"

■ ■ ■

在麦克唐纳·道格拉斯公司和波音公司与艾姆赫尔兹共事多年的肯·劳勒回忆了艾姆赫尔兹当时说服公司管理层将IBM公司磁带存储技术升级为全新存储技术时的情形。数年来，公司一直使用着IBM公司的磁带存储技术，并且它用起来也很方便，所以公司管理层觉得没必要换掉。当时艾姆赫尔兹将新产品的价值一一说明，并且强调如果更换成新的存储设备，那么公司将节约50%的费用。

劳勒说道："唐·艾姆赫尔兹据理力争，高层领导也因此对他尊敬有加。一般人在争论时都会愤然而起，捶胸顿足，而他却是不动干戈地说服了其他人。"

第 7 章
康西哥公司 CIO：现实主义者唐·艾姆赫尔兹

其实这对艾姆赫尔兹来说是一件很普通的事情，他经常需要去说服各层领导来按照他预想的模式运作。他既不是那种喋喋不休的人，也不是那种遇事就发火的人。他只不过有时候会为自己犯下的错误懊恼不已。

当他回顾自己的职业生涯时，艾姆赫尔兹非常感慨。他是一个偏内向的人，不善于建立丰富的人脉关系。康西哥公司的轮值主席兼 CEO 迈克·内德尔夫（Michael Neidorff）和艾姆赫尔兹的关系不错，但内德尔夫是个外向的人。他们经常邀约一些朋友共进晚餐，内德尔夫此时就能侃侃而谈，活力四射。而艾姆赫尔兹却会趁机躲一下清净并暗自思忖"给我个安静的地方让我充会儿电吧"。

艾姆赫尔兹也想起了他在航空部受到最高褒奖的事情。当时他和波音公司国防业务部的 CEO 正在与配件供应商商谈事宜，波音公司希望扩大与供应商的合作范围，首先是工程和制造领域，将来有可能也会对它们进行收购。

那时艾姆赫尔兹刚开始主持公司的相关会议。与会期间，供应商的高管问波音公司的 CEO："主持此次会议的为什么是位 IT 人士而不是商务人员呢？"波音公司 CEO 告诉他："这是我找到的最好的商务人员。"

大家肯定以为很多高管对艾姆赫尔兹都会持有以上评价。但事实并非如此，他那谦逊的性格受到了大家的一致好评。正是这一性格让他的职业生涯顺风顺水。

虽然艾姆赫尔兹比较谦逊，但处理起事情来却非常有条理。国防和航空航天领域的工作经历将改变他的领导风格，这一点他非常清楚。

他坦言："这些经历让我深深地懂得运营 IT 要像做生意一样，而不能只专注于技术。这不仅让我成为了一名好的技术人员，还让我成为了一名好的商务人员。我拥有 IT 技能——供应商管理经验、领导能力以及财务分析能力。的确，这些技能在 IT 管理中是不可或缺的，然而只懂得技术是远远不够的。"

其实，艾姆赫尔兹早在财务岗位轮值之前就已经开始关注技术以外的事情了。在艾姆赫尔兹早期的职业生涯中，他曾从事过制造业、涉猎过工程设计、做过项目管理还负责过专业的项目小组。他涉及的工作领域还有很多，在这里就不一一列举了。

丰富的从业经历、良好的教育背景、谦逊内敛的性格以及强烈的自信心，这些都成就了他的 CIO 职业生涯。

■■■

当康西哥公司第一次找到艾姆赫尔兹的时候，他还犹豫不决。因为他当时并不想再从事全职工作了。

当他同意考虑一下并着手为康西哥公司处理棘手问题时，内德尔夫等康西哥公司的高管开始劝说艾姆赫尔兹来担任公司的 CIO 一职。当时艾姆赫尔兹确实很开心，但是他不明白为什么，于是就问道："为什么是我？我可是对卫生保健领域一点都不了解啊。"

内德尔夫的回答道出了他做出此决定的初衷。艾姆赫尔兹回忆道："他的回复表达了两层含义。他知道如果我上任的话，那肯定需要花时间来学习这一领域的知识，但公司现在已经拥有一批卫生保健领域的行家，随着公司的业务越做越大，他更需要的是一个懂得如何让技术为公司服务、如何运营大型机构的人。"

因为要在短时间内快速地掌握卫生保健领域的专业术语，这让艾姆赫尔兹仍有些犹豫，但他最终还是张开了怀抱欣然接受了这个职位。康西哥公司高层也很清楚，艾姆赫尔兹给公司带来的不仅是 IT 领导力方面的经验，还是大公司的商业领导经验。这对当时正面临着新挑战的康西哥公司来说弥足珍贵。

后来艾姆赫尔兹就开始了他在康西哥公司的职业生涯。他将时间三等分，分别用在 IT 管理、非 IT 管理和综合管理这三方面。他有三分之一的时间花在了与 IT 相关的战略问题及长远重大事项上。康西哥公司的数据共享服务的运营也由艾姆赫尔兹负责。公司的一切诉求都会经由他手。身为公司的高层领导，他需要参加企业的各种高层会议，从综合管理的角度提出一些建议。艾姆赫尔兹说："因为

第 7 章
康西哥公司 CIO：现实主义者唐·艾姆赫尔兹

每件事情都会影响到 IT 和运营，所以我对能参加前期的工作感到高兴。"

艾姆赫尔兹认为沟通不应该受到级别的限制，领导层应该通过多个渠道与大家建立沟通。"领导层负责指路的同时，也要听取大家的声音"，这真是至理名言。只有孜孜不倦永远在学习的人才愿意与新员工打成一片。艾姆赫尔兹每个月都会叫上 IT 部的几名员工到他办公室聊聊工作上的事情。这算是对底层员工真实情况的考察。如果他们有问题，艾姆赫尔兹也会对其一一进行解答，他认为学习知识最快的方法就是从问题中学习。

艾姆赫尔兹进军航空航天领域时，翻阅过与此行业相关的所有读物。随着职位不断高升，他也逐渐开始阅读《华尔街日报》和一些商业与领导力方面的大众读物，直到如今他每天还坚持阅读。不过他现在翻阅的不再是航空航天领域的读物了，而是和能量及卫生保健行业有关的研究。

这段经历确实值得大家好好学习。即使是艾姆赫尔兹回过头来再看他在卫生保健领域的工作时，也会心生感慨："它真的与之前的工作大不相同。"

首架 B-52 远程战略轰炸机于 1952 年首飞。据美国空军判断，该轰炸机至少可以服役到 2038 年。这样的产品的生命周期竟是如此之长。在航空航天领域有这么一种说法："B-52 轰炸机的首位飞行员与世长辞多年后，估计最后一名飞行员都还没有出生。"艾姆赫尔兹说道："航空航天领域更倾向于深谋远虑，他们需要考虑 5 年、10 年，甚至 15 年后的事情。但卫生保健行业则不同，它只需要思考短期内的效益即可。"

艾姆赫尔兹接着说："与航空航天领域相比，卫生保健行业在所提供的服务和组织结构上可能更加灵活。这是一个极为分化的行业，现在正值发展黄金期。但随着立法和监督管理的改变，该行业可能也会发生'翻天覆地'的巨变。"

翻天覆地的巨变——艾姆赫尔兹已经不是第一次提到这种话了。他也曾不止一次地冲在改革的前沿阵地。

有时候，事情总是兜兜转转就又回到了原处。

■■■

尽管艾姆赫尔兹一直致力于 IT 行业的改革创新，但他也在努力成为一位全能型的 IT 领导者，一位将企业放在第一位的领导者。

我们都听说过"CIO+"，这个词是用来描述那些承担着多项责任的 IT 领导者的。本书将详细介绍几位"CIO+"中的佼佼者，讲述这些翘楚们是如何通过汲取专业知识来承担多项责任的。这非常吸引人。

"CIO+"领导者在升为 CIO 后会承担更多的责任。IT 领导者必须摒弃原有的 IT 经验才能在新公司管理层获得成功，这正应了那句老话——牛屎运让你达到顶峰，但不能让你留在那里。现在已经不能简单地靠运气了。如果你要想保住饭碗，那么就需要时刻保持学习状态。运营智慧、战略思维以及超强的人际关系，只有将这些要素全部聚集一身，你才可能获得成功。

艾姆赫尔兹在成为 CIO 后承担起了更多的责任。前期发生的一些事情是对他的磨炼。比如，在财务部门轮岗时，他其实是作为部门的 CFO 来处理财务问题的；在运营服务部门的时候，他是作为商务总监来与精益六西格玛（Lean Six Sigma）公司（工程行业精细化管理与精益运营解决方案提供商）进行谈判的。那句老话在他身上没有应验。

在任职"CIO+"时，这句话也同样适用。艾姆赫尔兹说道："无论你将它称之为共享服务，还是企业运营服务，大家都是冲着 IT 而来。如果你不想离开，那就得掌握 IT 外的经验，这样大家才能做其他的事情。"

当然艾姆赫尔兹也有他的独特之处。在谈到艾姆赫尔兹的领导才能时，肯·劳勒提到了两点：一是他的诚信正直，他做事都是出于正确的理由，而不是因为政治；二是他总是从客观的角度去处理事情。据肯·劳勒说，艾姆赫尔兹非常善于客观地挑选合适的人来一起迎接机会与挑战。比如，在面对业务外包的事情时，如果数据显示外包不可行，那他就会放弃。这就是艾姆赫尔兹的做事风格——简单而清晰，不受政治羁绊。

肯·劳勒说："其实针对许多问题，大多数人想听到的是'正确'的答案，而并非真实的答案。而艾姆赫尔兹要的是真实的答案。"

艾姆赫尔兹谦逊有礼的品质让他的事业一路向前。"当康西哥公司希望他加入时，他们从没有讨论过报酬的问题。"内德尔夫说。

艾姆赫尔兹坦言："这和金钱无关，我不是为了工作而工作。如果非要说我想要一份工作的话，那可能是因为我愿意为这份工作付出，或者这份工作能够激发我挑战自我的状态，这会令我更加激动。"

Chapter 8

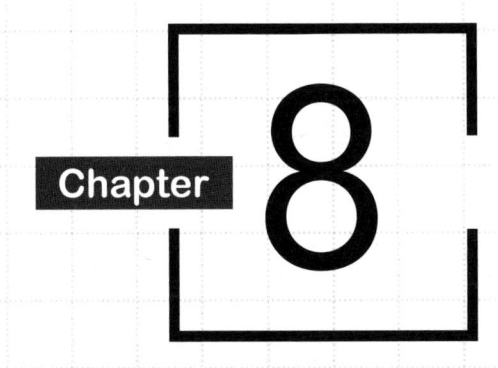

Ameristar Casinos 公司 CIO：
无心插柳柳成荫的史林·奎诗

> Confessions of a Successful CIO
>
> 史林·奎诗（Sheleen Quish）于 2007 年 1 月成为 Ameristar Casinos 公司的 CIO，2010 年 8 月以人力资源部及 IT 部高级副总裁的岗位从 Ameristar Casinos 公司退休，之后 Ameristar Casinos 公司被巅峰娱乐集团（Pinnacle Entertainment）收购，奎诗被返聘回来并担任巅峰娱乐集团人力资源部负责人。
>
> 在去 Ameristar Casinos 公司以前，奎诗通过自己的 Box 9 咨询公司为其他企业 IT 领导者和业务高管提供咨询服务，也曾担任美国 Can 公司副总裁兼全球 CIO、伊利诺伊州蓝十字保险公司（Illinois Blue Cross）CIO、东南互助保险公司（Southeastern Mutual Insurance Company）CIO 等职。
>
> 奎诗喜欢写作、演讲、咨询及培训等工作，并喜欢与各 IT 经理和同事分享她的经验与激情。她毕业于纽约新罗谢尔学院，是波士顿卡特联盟（the Cutter Consortium）高级顾问、《首席信息官》（*CIO*）杂志编辑顾问委员会名誉会员、《游戏与休闲》（*Gaming & Leisure*）杂志执行顾问委员会委员。

史林·奎诗不是身处官场的政治人物，在她的银色公文包中也没有那些敏感的政治材料。但她在伊利诺伊州蓝十字保险公司担任 CIO 的期间，上下班都要由安全护卫队保护。因为她受到了死亡威胁，这个威胁就来自她的公司。

在被这家市值 40 亿美元的公司的 CEO 雷·麦卡斯基（Ray McCaskey）招入麾下以后，奎诗就面临着一场硬仗。因为她要重塑并焕发效能低下的 IT 部的活力。奎诗工作多年，不仅在卫生保健领域经验丰富，在领导和调整 IT 部、市场部以及运营部方面也颇有心得。所以，她有能力来应对这份工作。

奎诗入职后才发现，公司内有些人对她要实施的变革颇为不满，对她这位新

第 8 章
Ameristar Casinos 公司 CIO：无心插柳柳成荫的史林·奎诗

进之人也并不友善。更糟糕的是，公司的其他管理层并不是百分百地服从雇请她的 CEO 麦卡斯基的命令。而麦卡斯基还在不停地向大家证明自己作为 CEO 的权威。

奎诗还发现芝加哥的政治关系颇为复杂，这里和她熟悉的肯塔基州路易斯维尔市的轻松氛围截然不同。要想将公司的规模扩大四倍，这一挑战要比她想象的难得多。

两年后的一天，麦卡斯基把奎诗叫到自己的办公室，公司的首席法律顾问也在，他递给奎诗一个合同终止协议文件，告诉奎诗被解雇了。

像往常一样，她还是由安全护卫队护送到自己车旁。但是这次，她却摸不到头脑。直到 10 年后，她才恍然大悟：这件事真的完全出乎她的意料。

在来伊利诺伊州蓝十字保险公司工作之前，奎诗已经为东南互助保险公司，即肯塔基州蓝十字蓝盾协会（Blue Cross Blue Shield of Kentucky）效力了八年，在那里她主要负责对 11 个内部分支机构和 IT 部的监督管理。尽管她现在突然离开了伊利诺伊州蓝十字保险公司，但她在芝加哥取得的非凡成就不可抹杀。

这时奎诗陷入了职业困境：她是否还要继续从事技术高管这一行业？这个问题真的很难回答，尤其是在这种危难之时。

奎诗虽然在 IT 岗位取得了非凡的成就，但她却没有参加过任何技术培训，这件事大家一直觉得不可思议。

■■■

奎诗出生在康涅狄格州曼彻斯特市哈特福德东 16 公里外的郊区，在那里她从小就接受政治教育的熏陶。她父母均是狂热的政治分子，父亲是一名爱尔兰天主教徒，母亲却是一名新教共和党人。

作为四个兄弟的长姐，奎诗从小就被迫参与到双方的政治辩论中。母亲会把她带到当地共和党总部，参加一些支持共和党候选人的活动，如制作标语、登门宣传等。父亲也会经常在家里为当地的民主党人举办各种活动，因为母亲是共和党人，不会参与父亲的这种活动，所以奎诗会作为家庭的女主人来帮助父亲收拾各种活动所需要的东西。

父亲继承的家族企业主要是为大家提供殡仪服务。奎诗说："这就是我的成长经历，在小镇长大，父亲继承了祖父留下的令人'瞩目'的家业——感觉自己就像门生意一样，总有人在盯着自己。但你总不能阻止别人和你做生意吧。"

这件事情在她的整个生命中留下了深深的烙印。她开玩笑说，在肯塔基州蓝十字蓝盾协会做行政工作的时候，她的孩子们会问她为什么去食品杂货商店还要涂口红。她只好回答说："因为可能会碰到投保人，在1500名员工中可能会有人一眼就认出我。与殡仪行业一样，卫生保健行业也需要信任与敏感度。"

奎诗在事业上取得了辉煌的成就，而她的从业之路也同样精彩。如果按照她父亲的意愿，她可能去的是美容学校，那毕业之后的她现在可能已经在太平间里给那些尸体化妆，因为这样父亲就不用雇用外人了。如果她要是再能嫁给曼彻斯特市的意大利人，那就最好不过了。父亲的这种想法似乎并没有什么不妥，但事情发展并未如他所愿。对奎诗一生影响最大的三位女士——她的母亲、祖母和教母希望她能进入大学学习。

后来奎诗进入了新罗谢尔学院，从曼彻斯特市到那里要坐几个小时的火车。她在那里获得了新罗谢尔学院美术专业学士学位，有了这一学位的加持，她感觉自己什么工作都能做了。"有人建议我考教师资格证，这样万一将来没有嫁给有钱人，也还可以在学校做教书匠，"她说道，"但我没有这样做，我要一切靠自己。"

不管怎样，她都会勇往直前。很快，她就迎来了一次改变命运的机会。

■ ■ ■

奎诗上大学的时候，家里陷入了经济困境。她所在的天主教女子学校的修女并未向她透露父母未为她支付学费的事情。直到大三，学校才将此事告诉了她。

第 8 章
Ameristar Casinos 公司 CIO：无心插柳柳成荫的史林·奎诗

学校并没有采取强硬措施，而是希望她能回家跟父母好好谈一谈，或者是能补交所欠的学费，或者是另想其他的方法。于是奎诗乘坐火车回到了家，与父母好好商量了一下关于学费的事情。最后，她们一致决定，让奎诗用贷款来支付学费，然后再去找一份工作，边打工边继续完成学业。

奎诗说道："此时此刻我突然明白，我不能再像儿时一样依赖父母了，现在的我必须要学会自己照顾自己。小时候父母可以给我任何东西，但现在我已经长大了，我也能依靠自己的双手去挣钱了。我必须要学会长大，要自己去承担一些事情，但是我没有想到这一刻来得这么快。这是我人生中的第一次警钟。"

从学校毕业后，她不知道何去何从。但她知道不能再回到父母身边了，不能再生活在父母的呵护下了。但正所谓祸兮福所倚。奎诗因成功地解决了学费问题而吸引了学校领导的目光，他们决定聘请奎诗担任学校的招生负责人。

在 20 世纪 70 年代的前三年，奎诗过着这样的生活：时常奔走在乡村四处招生，每日以 50 美元的酬劳度日，投宿在三星级旅馆，不厌其烦地向大家介绍着在天主教女子大学上学的好处。这段艰辛又痛苦的招生经历造就了奎诗公关营销的能力，为她参加以后的工作奠定了坚实的基础。

在今后的 10 年内，她的这些能力在不同的工作领域被不断磨砺着，首先是在非营利组织领域，其次是在卫生保健领域——在这一领域她首次有机会担任 IT 领导。她终于有勇气给家里打电话了。

■ ■ ■

1985 年，奎诗加入了肯塔基州蓝十字蓝盾协会并担任营销总监。她在市场营销领域爬升得很快，仅仅在短短四年时间里，她就晋升为公司业务部的高级副总裁了。

正好那时候公司的 CFO 带领的 IT 部出了一些问题，这个 IT 部不服从 CFO 的指挥，于是奎诗就跟 CFO 协商由她接管 IT 部，CFO 很高兴地就答应了。奎诗接手后才发现，IT 部确实有些混乱。据奎诗回忆，当时的 IT 部就像是一座孤岛，与业务没有太大的关联，它们觉得业务是一件影响工作的麻烦事。奎诗说："我认为 IT 是我完成流程重建的一个重要工具。其实每一个流程都可以通过 IT 来实现，并在每一个业务流程中发挥 IT 的作用。但是它们都发挥不出 IT 的优势，主要业务流程的改进也因此受到影响。于是公司觉得 IT 没有什么用，相关的 IT 人员不是特别想做 IT，公司也不会逼着他们做，这一切都造就了 IT 成为企业的累赘。"

为了挽救 IT 部，她的首要任务就是聘请一位全职领导，于是奎诗找到了来自美国航空公司 Sabre 事业部的开发奇才索伦·杨（Solon Young），决定让他加入 IT 部。但是索伦·杨的薪酬不菲，甚至高于奎诗。由于公司的岗位预算限制，奎诗只能将自己的部分工资拿出来补偿索伦·杨的工资。她不考虑是否会损伤自己的利益，只想把自己决定要做的事情坚持到底。

索伦·杨虽然在基础设施建设方面经验丰富，但他却建议奎诗效仿 Sabre 事业部将更多的资金投入到系统的开发方面，比如研发实力的加强。于是他们又聘请了弗兰克·施利尔（Frank Schlier）。弗兰克·施利尔既是一位技术管理人员，也是一位就职于高德纳咨询公司的杰出分析师，后来他还成为了肯塔基州蓝十字蓝盾协会的 CIO。

索伦·杨和施利尔正是奎诗所需要的那种能将 IT 改头换面的人才（遗憾的是，索伦·杨在入职后没几年就因心脏病发作而英年早逝，享年不到 40 岁）。

后来奎诗晋升为企业执行副总裁。在公司 1992 年被 Anthem 公司收购前，她同时负责着公司 11 个部门的管理工作，还包括三家子公司的管理工作（一家索赔电子数据库公司、一家第三方管理公司和一家数据中心服务公司）。在奎诗离开公司时，她已经利用 IT 技术帮助企业降低了 12% 的运营成本，减少了 20% 的员工数量，在 18 个月内将客户的问题数量降低了 40% 左右。在 20 世纪 80 年代末和 90 年代初，她重建的、焕发新生的 IT 部已经具备了电子出版、数据仓储以及电子数据交换（EDI）的功能。

第 8 章
Ameristar Casinos 公司 CIO：无心插柳柳成荫的史林·奎诗

因为 Anthem 公司给她提供的职位不利于她好好发挥自己的长处，所以她决定另寻出路。就在这时，一家猎头公司向奎诗推荐了一个适合她的职位——伊利诺伊州蓝十字保险公司的 CIO。

■ ■ ■

猎头公司觉得在所有的候选人当中，奎诗在各方面都算优秀，而奎诗却不想被猎头卖掉。

尽管如此，奎诗还是飞到了芝加哥与雷·麦卡斯基见了一面。麦卡斯基告诉她，他们对猎头公司的评估报告表示认可，希望奎诗来公司任职。奎诗听到这些话后感到非常高兴，但同时也对这样一个拥有数十亿美元资产的公司聘请她作为企业 CIO 的做法有一些疑问。

麦卡斯基解释道，伊利诺伊州蓝十字保险公司以前没有 CIO，奎诗在 IT 和业务方面的综合能力非常适合这一职位。当然，公司需要业务管理人员的时候，奎诗也会是一个很好的备选。

麦卡斯基还认为，奎诗在监督管理方面肯定会产生一定的影响，包括基础设施和设备采购的监管等。公司办公楼位于伊利诺伊州芝加哥市中心环线核心区的多功能综合商业中心，其租期将近，奎诗需要带领团队寻找一个新址来建立公司的总部——这项计划由董事会和 CEO 提出。

据奎诗回忆说，其实麦卡斯基也是刚上任不久，而他与手下的高管们曾一起共事，董事会任命他来担任企业 CEO 一职让他备感压力。但他也有雄心壮志，希望重组管理团队，奎诗就是他重组计划中的第一位成员。

虽然她被委以他事，但 IT 还是重中之重。麦卡斯基将公司的情况如实告诉了奎诗。它们有许多大型的项目，但各个部门都不给力。奎诗发现在公司内部没有人对现有的 IT 部感到满意。当她将现任公司的现状与肯塔基州公司的情况一一比对后发现，两家公司竟然存在同样的问题，即都有"孤岛思维"。基础设施团队与开发团队沟通太少，也看不出真正的业务战略整合等。

大量的资金花费在了一个问题重重的部门。IT 部急需彻头彻尾的改革。

奎诗接受了这份工作，开始着手她的改革工作，她有两个想法：一是先聘请一位技术顾问来弥补她在技术上的不足，然后靠技术顾问的实力来向原有的 IT 人员施压，让他们知道自己的技术还是有待提高的。

二是将她在肯塔基州合作的营销公司（她比较信得过这家公司的员工）引入进来。IT 部需要彻底地改头换面，而引入营销公司于外可提高部门职能，于内可以增强大家的自信心和责任心。正如奎诗所说，该团队需要"脱胎换骨"，其宗旨、目标、结构及与业务的关系都要改变。

但要想组建一个团结一致的 IT 部并非易事。

■ ■ ■

奎诗所做的第一件事就是调研，她带着调研公司的人员一起针对公司业务部对 IT 部的评价进行了调研。据奎诗回忆，结果简直"令人震惊"。但由于奎诗进入公司的时间不是太长，所以有些消息是不能告诉 IT 员工们的，这会给他们造成一定的负面效应。她说道："在业务方面，领导可能会相信我，但在 IT 方面，可能没有人相信我，甚至包括 IT 部的员工可能都不会相信我，所以我首先需要做的就是取得 IT 部对我的信任。"

于是她采取了一项非同寻常的策略。她通知公司的 400 多名 IT 员工一起到大厅开会，同时邀请了芝加哥著名的"第二城喜剧团"来营造一种轻松的氛围。

在大厅里，调研公司的代表们正在向公司的员工详细地阐述调研报告所采用的方法以及保密声明。从技术上来讲，此举正切中 IT 部的问题要害，因此，奎诗认为自己的团队应该领悟她的良苦用心了。

让我们来看看现场到底发生了什么吧。当调研小组讲述着大家对 IT 部的糟糕印象时，第二城喜剧团的演员们就开始躁动起来了，"什么？这是我们的评估结

第 8 章
Ameristar Casinos 公司 CIO：无心插柳柳成荫的史林·奎诗

果？太不可思议了"，"我知道，出现的这些问题都是我的错"，等等。演员们开始上蹿下跳、走下过道、夺门而出。大家都不知道这是奎诗幕后策划的一场演出，所以对他们产生了相当大的冲击力。奎诗说："大家的反应就是如此，非常的真实。"当大家快要回味过来时，第二城喜剧团的演员们再次登上舞台，又唱又跳地奉献了一出短剧。

表演结束后，奎诗接任 IT 部。其实 IT 部也明白自己的现况，它们必须要开始着眼于未来，开始做出改变了。对于奎诗而言，这是一场变革，一场刻不容缓的变革。

她为 IT 部专门设计了一个新的 Logo，也向大家阐述了 IT 部的新使命。她还向大家介绍了如何更好地把技术与业务结合起来，利用技术的优势来推动业务的提升并减少大家反对的声音。

同时，奎诗聘请了一批新的项目经理来管理和实施新流程。这些经理大多都来自口碑甚佳的大型会计师事务所。奎诗还启用了一套即时通信简报系统，这不仅大大提高了系统的传递效率，还向各个部门展示了这个全新的 IT 部。

通过以上的改革，奎诗很快就得到了反馈，有好也有坏。好的是，她得到了大部分员工的认可——他们喜欢奎诗的做事方式，他们也重新拾回了工作激情；坏的是，仍有那么一批人对她持反对意见。奎诗说："当着我的面，这些人会和和气气。而在我背后，他们却牢骚满腹。他们对我的改革是真的怨恨至极。"

■■■

改革工作开展后不久，奎诗在办公室的答录机上收到了一通死亡威胁电话留言。留言人是位男士，他威胁说，如果她继续按计划推进工作，那么她就会有生命危险（直到现在，奎诗都不知道是谁留的言）。

奎诗思来想去，觉得完成对公司 IT 系统的改革是她的愿望，现在已经初见成效，所以她不能半途而废。于是，她决定继续推进她的计划。可喜的是，IT 部真

131

的开始发力了：产量不断提高，质量也在不断提升。IT部屡屡攻克技术难题，口碑直线上升。

让我们再回过头来说说奎诗的生活状况。奎诗一直生活在芝加哥，1993年，也就是她加入公司的第一年，芝加哥公牛队连续赢得三届NBA冠军，迈克尔·乔丹有可能会被加冕为联赛史上的最佳球员。而奎诗也沉浸在自己对企业创造的业绩荣耀中——供应商们对她热情款待；在她负责监督企业总部大厦的建设时，芝加哥市长理查德·迈克尔·戴利（Richard M.Daley）亲自为他们奠基。

奎诗的家人也觉得她越来越优秀。然而一切来得都是那么突然。

当她接到电话去麦卡斯基办公室时，她还不知道发生了什么。当她看到法律顾问也在场时，她依然不知道是什么事情，但她觉得应该不是什么坏事。

可几分钟后，她拿到了解雇通知书，通知书中也没有写明具体原因。公司一次性给足了她资金补偿，并且她还可以继续享受公司一年的福利待遇，可以继续使用公司的车，同时公司会专门为她寻找新的工作机会。保安依然安全地护送她走出大楼，但她就是不知道为什么她会被解雇。也没有人告诉她为什么。

自那之后，奎诗就一直在思考自己到底做错了什么。她对一切都信心满满，唯独对这件始料未及的事情一直毫无头绪。

后来，奎诗得出了一个符合逻辑的结论，那就是她在担任公司管理层时没和同事们搞好关系。那是一段难熬的日子。在日常工作中，CEO麦卡斯基也一直告诉她不要担心某些高管的意见，因为麦卡斯基要对原有的管理团队进行改革，某些高管可能会在改革中离开这家公司。但回头看看，奎诗认为她被解雇的原因可能就是，她平时没能处理好与这些高管的关系。这些高管们在董事会颇有人脉——尽管麦卡斯基向奎诗说过他们可能会离开公司，但最终这些高管们可能依然会留在公司。

她不断地告诉自己这就是错误之源。无论走到哪里都不应该忘记内部政治的复杂与残酷——毕竟这是在芝加哥，一个政治非常敏感的城市。她知道自己错在哪里了。

奎诗是一个非常要强的人。这次风波刚过，她就来到再就业中心开始寻找新工作，再就业中心建议她先回去休息一阵。但是奎诗不能停下来——她是一位单亲妈妈，独自抚养两个孩子，自己的母亲也在芝加哥与他们同住。生活迫使她必须向前。

那时，她自己也在思考是否继续寻找 CIO 的工作。其实在她的教育和职业生涯中，她一直是越挫越勇。作为一名女性职业高管她勇气可嘉——这是她生命中最重要的三位女性给予她的。

但问题依然存在。

■ ■ ■

尽管奎诗与公司之间出现了一些问题，但有时碰见伊利诺伊州蓝十字保险公司的同事，基层的员工还是会表达大家对她的想念。时至今日，她原来的行政助理每逢节假日依然还会给她寄送贺卡。奎诗说道："知道大家都很想念我，让我心里很是欣慰。"

奎诗一边谋划着自己的未来，一边也听取各方建议。这时 Bricker 咨询公司的老板黛博拉·布里克（Deborah Bricker）找到了她——布里克曾支持过伊利诺伊州蓝十字保险公司的一些重要 IT 项目，期望奎诗能成为她的合作伙伴。

奎诗告诉布里克，她不想成为一名咨询顾问。布里克说她知道。"但是你可以边做咨询顾问，边找你想要的工作，这不是很好吗？"布里克答道，"我还可以支付你在伊利诺伊州蓝十字保险公司同样的薪水。"于是奎诗答应了布里克的邀请。

在接下来的一年里，奎诗行走于各个行业的不同部门之间，处理着各种各样的项目。这一路走来，她恢复了之前的勇气，重拾了对信息技术领导工作的热情。

随后奎诗在不同的公司担任过不同的职位——Signature 集团企业规划与信息

服务部执行副总裁；Unitrin 公司保险业务和信息技术部高级副总裁，任期两年；美国 Can 公司全球业务部 CIO，任期五年，直到 2005 年这家公司被波尔公司收购。

从美国 Can 公司离开后，奎诗创办了自己的公司——Box 9 咨询公司。其实许多 CIO 在工作期间也会做一些与咨询相关的工作，因此奎诗很快就与不同行业的多个公司建立了合作关系，开始处理各种项目。

2006 年底，奎诗接到了猎头玛莎·海勒（Martha Heller）的电话，海勒后来也开了一家同名猎头公司。海勒初识奎诗是在《首席信息官》杂志上，当时奎诗为该杂志专栏写了一篇关于如何打造自己品牌的文章。奎诗的从业背景和真知灼见给她留下了深刻的印象。

那时，海勒正在为拉斯维加斯的 Ameristar Casinos 公司寻找 CIO。从一开始海勒就一直在联系奎诗，看看是否能在奎诗超强的人脉关系中找到合适的人选。在与 Ameristar Casinos 公司的董事长约翰·波斯易（John Boushy）深谈后，海勒冒出了另一个想法。

海勒说："我一直觉得约翰会中意奎诗，因为他们都同处市场营销和 IT 领域。我就像在做媒一样。"

但奎诗却不这样认为。她觉得自己的行业经验尚浅，并不是合适的人选。而且她刚刚在密歇根湖湖畔购入了一套美丽的别墅。

在海勒的一再坚持下，奎诗最后提出了一个折中的做法：她可以先做几个月的代理 CIO。后来在海勒的引荐下，波斯易与奎诗通了电话，他们两个相谈甚欢，一谈就是几个小时。海勒说："约翰·波斯易'爱上了'史林·奎诗。"

2007 年 1 月，奎诗出任代理 CIO 一职。但仅仅四个月后，奎诗便成为了公司的正式 CIO。

■ ■ ■

大多数企业领导刚上任时，都需要一段时间来磨合。奎诗在肯塔基州蓝十字

第 8 章
Ameristar Casinos 公司 CIO：无心插柳柳成荫的史林·奎诗

蓝盾协会和伊利诺伊州蓝十字保险公司刚上任时也是如此。但现在她是代理 CIO，任期也不过几个月，所以她不必过于紧张，首要任务也是要稳定好现有的 IT 业务，然后寻找一位新的 CIO 来领导公司。

对于一名新领导来说，融入一家新公司并不容易。就像曾经在伊利诺伊州蓝十字保险公司时一样，在新公司的领导层中她依然是一个崭新的面孔。原来的领导团队已经组建多年，并且这些人也代表着创始人的理想，海勒回忆道："你可能在企业运营及流程方面是高手。但是你也存在一定的弱势。比如，原来的高管们知道如何与员工进行沟通，员工们也都知道这些领导会听取他们的意见和需求，他们之间已经形成了某种默契。我相信凭借她的自信与成功经验，她一定能处理好这一切的。"

在奎诗当上 Ameristar Casinos 公司代理 CIO 六周后，她将在 IT 部发现的问题一一总结了出来。"奎诗简直是发现了'一堆垃圾'。"五年后，董事会成员如是说。

奎诗说道："我不仅是一名代理 CIO，我还是所有问题的暴露者。"

因为 Ameristar Casinos 公司已经很久没有对系统做过大型维护了，所以每当夏令时来到时，IT 团队就需要对所有的事情进行手工调整。"由于没有统一的流程管理，公司的系统几乎陷入了瘫痪状态。"奎诗说道。

Ameristar Casinos 公司在美国的六个州经营着七个赌场，但是在这七个赌场当中，IT 部几乎就是一个摆设，几乎没有做任何与赌场业务相关的事情。当奎诗想用 300 万美元的预算为赌场开发一套会员管理系统，并试图将所有的赌场业务联结起来时，她才发现单单使用自己公司的技术人员是完成不了这个任务的，因为这不仅是技术的问题，还涉及业务领域，但没有一个技术人员对业务有充分的了解。

在奎诗看来，没有人愿意去管理 IT 这摊烂事。但她愿意。

她认为即使是赌场，也是可以利用 IT 来进行优化管理的。于是她提出了要组建一个真正意义上的 IT 部的建议，让 IT 来控制整个赌场。随后她向总经理说道："请把 IT 交给我来处理，你只需要专注于你的客户和业务就可以了。"从赌场业务的角度来说，如果让每个赌场独立运营是存在风险的，特别是随着美国博彩业委员会调控的升级，这种风险可能更大。赌场的总经理及高层领导一致同意奎诗的观点，并将所有的 IT 事务交付给了奎诗。

要在赌场进行 IT 改革，不但要得到高层的同意，而且要与每个赌场的 IT 总监进行沟通与协调，这是一块最难啃的骨头。他们现在过着逍遥自在的日子，想做什么就做什么。如果没有集中管理的 IT 部，那他们就可以不对任何人负责，完全生活在自己的世界中。

可现在不一样了，强势的奎诗成为了企业 CIO。奎诗明确地告诉大家："我大致地说一下，这是我们所遵循的商业模式，是你们过去所做的事情，也是我们将来要做的事情。我们应该考虑要怎么去做这些事情，考虑你们是否愿意跟着我一起把 IT 的价值展示给大家。请你们自行决定自己的做法，但我不会改变我的模式。"

■■■

"快、准、狠"是奎诗作为一名企业领导给大家留下的印象。她能准确地锁定问题所在，迅速地制定出解决问题的方法，然后再赢得公司领导的同意。这是一位经过无数"战争"洗礼、经验丰富的管理人，她所做的决定与高层领导不谋而合。

其实这也是在奎诗的职业生涯中具有讽刺意味的一件事。奎诗说道："当我回想起这件事情的时候，发现这纯属偶然。其实我并不想成为一名 CIO，我之所以称自己为'无心插柳柳成荫的 CIO'是因为 CIO 这一职位并不在我的职业规划中，我根本没有相关的技术背景。"

当她给 IT 总监下命令的时候，部分总监并不服从。奎诗对此非常淡定，她招入了一批与之观念一致的新总监，不服从命令的总监可以走人。她着力于团队建设,努力将企业 IT 部变大变强,也终于迎来了曙光。五年之后,当巅峰娱乐集团宣布收购 Ameristar Casinos 公司的赌场时,IT 总监们纷纷反对,他们所说的第一句话就是"我们已经建立了一个全新的业务模式,请不要破坏我们的新业务模式,我们不希望再回到过去那种无头苍蝇的阶段"。

在此次收购中,奎诗又担负起了一个新的角色——负责两家公司的整合工作。在 Ameristar Casinos 公司,奎诗现在除了要负责 IT 部的工作,还要掌管人力资源部。人力资源部领导这一职位不但需要她在业内的一些经验,而且需要她过去在企业运营和营销方面的经验。

收购完成后,巅峰娱乐集团与 Ameristar Casinos 公司的代表们举行了多次"融合"会议。在会议上,它们分别阐述了双方原有的运营模式以及合并之后的运营模式,这期间共进行了 21 次探讨,奎诗从中看到了未来所面临的挑战。

Ameristar Casinos 公司的几个赌场相对来说还是比较集中的,而巅峰娱乐集团不仅比 Ameristar Casinos 公司规模大,业务还更加广泛。在它们的经营区域内,管理者拥有绝对的自主权。他们的 IT 部和市场营销部也是这样。这些问题和挑战奎诗过去也曾遇到过。

当他们在"融合"会议上探讨企业的规划以及对公司进行分析总结时,奎诗认真倾听了巅峰娱乐集团员工们对它们工作流程的描述。这其中,巅峰娱乐集团也会时不时地炫耀一下它们的 BI 商业模型,奎诗面对这套 BI 商业模型有一种似曾相识的感觉。

2011 年,Ameristar Casinos 公司出于需求开始建立数据仓库解决方案。公司的财务规划分析小组的领导找到了奎诗,提出想要这套解决方案。虽然这位领导对数据仓库方面一无所知,但他知道需要建立一个这样的数据仓库。奎诗对他们进行了技术细节的辅导。两年之后,该小组成为了业界最佳的规划分析小组。

在这个过程中,奎诗必须要与 Ameristar Casinos 公司的各个部门密切合作——不仅要与规划分析部合作,还要与运营和业务部联系。完美的运行数据取决于完美的决策。当时 Ameristar Casinos 公司已经远远地跑在了巅峰娱乐集团的前面。Ameristar Casinos 公司曾经的成功经验有助于两家公司合并后变得更加强大。

这整个融合过程让奎诗意识到业务沟通特别重要，就像她小时候家里开殡仪馆时一样。另外她会先让自己的团队了解自己的愿景，然后再让公司的其他部门也明白她的目的。这是她取得成功的另一原因。

她也知道，当企业被合并之后，许多员工会对自己的未来以及企业文化的改变担心不已，奎诗说道："大家会向我们这些领导层看齐。他们时刻都在关注着我们的一举一动，因此，我们的一举一动会影响到每一个人。他们甚至能根据我们的表情去判断一些事情。如果我们表现出一丝担忧的情绪，他们就会问'怎么啦''发生了什么事情'。好在从一开始，我们就向大家真实透明地解释过，这两家公司的合并是强强联手，我们的公司会发展得越来越好。"

■ ■ ■

虽然奎诗已经不再担任 Ameristar Casinos 公司的 CIO 了，但是很多部门依然会向她汇报工作。奎诗相信整合工作会顺利开展下去，于是在 2013 年 9 月，她决定松手不管了，并且希望能腾出更多的时间来专心写作、演讲和做咨询顾问。

在奎诗担任的所有领导角色中，人力资源部的工作最让她莫名其妙。

CIO 并不需要每天都承担人力资源部的工作。对于"CIO+"而言，管理开发部、共享服务部、产品供应链甚至企业的运营的工作其实都是额外的。事实上，在中型或大型企业中，同时兼任 CIO 和人力资源部领导的人屈指可数。

奎诗就是其中一位。从 2011 年 1 月开始，奎诗就担任起了人力资源部领导的工作。

据海勒所说，Ameristar Casinos 公司的高层很早就注意到了奎诗是如何成功组建 IT 团队的。她从业外引进了许多专业人才；她采用了与众不同的工作方式，喜欢奖励团队中有创造力的优秀员工；她专注于创新，而不是一味的循规蹈矩。"通常，IT 是要跟着企业文化走的，但在这里，史林·奎诗是企业文化的缔造者，其他部门是企业文化的跟随者。"海勒说道。

在官方公告中，Ameristar Casinos 公司总裁兼首席运营官拉里·霍奇（Larry Hodges）对奎诗独特的综合能力进行了总结："史林·奎诗是改革的舵手。"霍奇在发布会上说道："她不但拥有积极进取的具体目标，而且能够创造可喜的成果。她具有将人与人、人与流程、人与技术之间完美结合起来创造杰出成就、完成企业目标的能力。正是这一能力让她做出了现在的选择……这一双重角色可以让她在每一个部门都能塑造出一个统一的、以结果为导向且以利润为中心的优秀团队。"

奎诗发现公司存在着明显的职能重叠问题。虽然两个部门文化理念不同，但是它们却执行着同样的流程。它们同样充当着接单员的角色，承担着让公司增值的使命，这一操作流程是相似的。

在路易斯维尔市重操 IT 旧业时，她未曾害怕过。现在要在拉斯维加斯担起人力资源的担子，她也不会犹豫。2013 年，当奎诗准备着手解决 Ameristar Casinos 公司的主要问题时，她也迎来了一个新的转折点。

那时奎诗的主要任务就是为赌场开发一种全新的调度方法。Ameristar Casinos 公司的现状是，八个部门共有 7000 名员工，但公司约 60% 的收入都来自周末的 36 个小时。

后来 Ameristar Casinos 公司的大多数员工由全职变为兼职，周末的时候公司可以聘请大量的兼职员工来临时补充人手，这样既可以满足周末的人员数量需求，又可以为公司节省大量的平时花销。招聘和保留兼职人员是一件具有非常大挑战性的工作。Ameristar Casinos 公司就在这方面犯了一个错误，它们采取了强制的措施让兼职人员轮班工作，而不是采取自愿的方式。对于如何平衡工作与生活的关系，奎诗略知一二，因此她认为应该有更好的办法。

奎诗换了一种思维。她觉得 Ameristar Casinos 公司应该与兼职员工一起商量制定出一个合理的排班表，而不是由公司强制排班。如果兼职员工想要更改工作时间，他们也可以在网上操作完成。这样就照顾到了个别有特殊情况的员工。

不过这种方法只是解决了部分时间调度问题，大多数的调度还是得需要手动来完成，这对于赌场来说还是存在不少难度。此时，奎诗又拿出了当 CIO 时的样子，她积极地与业务领导们进行沟通，希望共同建立一套既高效又民主的调度系统。毕竟现在技术上已经没有什么问题了。

这套系统让公司的专职人员锐减，也为公司带来了很大的利润增长。她坦言："如果公司能将系统进一步优化，那么公司可能会有更大的利润增长。"

如果将业务作为重心的领导们在人员管理和技术方面拥有敏锐的洞察力（这曾是一个大问题），那么他们就会取得巨大的收获，但有些人却将这看作常态或小事一桩。

■ ■ ■

奎诗在被伊利诺伊州蓝十字保险公司解雇后的第 10 年，终于知道了她被辞退的原因。

奎诗曾经共事过的一位业务高管突然打电话给她，邀请她在芝加哥一起喝咖啡。奎诗没有拒绝，她觉得也不过是聊聊天而已，没想到会说起她被解雇的原因。

以下是他们的对话。

同事：你有没有想过你为什么被解雇？

奎诗：这我倒是想过。估计是因为我发现了公司的一些问题，但是没有处理好各种人事关系，所以我就被公司解雇了。

同事：不是这样的。

奎诗：那你的意思是？

同事：你的离开是因为我。

奎诗：什么意思？我觉得你当时是支持我的工作的啊。

同事：其实这件事情与你无关。

奎诗越发摸不着头脑了，于是趁此机会把所有事情都问了个清楚。

奎诗：那你又是怎么把 IT 部争取到你手中的呢？

同事：我与另一家蓝十字保险公司接触过，当然也包括它们的 IT 业务。后来我去了伊利诺伊州蓝十字保险公司的 CEO 那里，和他做了一个交易。我做的这个交易就是你被解雇的真正原因。

据奎诗所知，这位高管进入公司已有 30 年，与董事会关系十分密切，因此，他说的话应该有些分量。

同事：所以，你必须要离开。

奎诗：哦，原来如此。

在伊利诺伊州蓝十字保险公司，奎诗努力地与同事们搞好关系，把公司项目也推进得井井有条。如果是因为个人与其他部门的关系没有处理好就被解雇，也未免有点牵强附会。怪不得当年她离开公司后，还依然有许多人对她照顾有加。当时她虽然知道芝加哥是一个国家政治集中的地方，但是没想到的办公室也如此政治集中。现在该同事告诉她，是由于公司内部问题导致她不得不离开公司，这样的解释倒也合理了。

奎诗继续说道："其实我还是有一定责任的，尤其是在处理与高层之间的关系的时候，在这一点上我没有任何脱卸责任的借口。"

从这次事件中，奎诗又吸取了一个重要的教训：无论什么时候都要学会谦逊。

……

如果当初她没有选择 IT 领域，如果她按照父亲的意愿进了美容学校并接替了父亲的工作，那说不定她现在可是一位最好的理发师呢。

Chapter 9

USAA 保险公司 CIO：
锐意改革的格雷戈·施瓦兹

格雷格·施瓦兹（Greg Schwartz）现任美国 USAA 保险公司 CIO 兼 IT 服务部高级副总裁。USAA 保险公司是一家领先的金融服务公司，总部设在得克萨斯州圣安东尼奥，在美国和欧洲均有办事处。该公司自 1922 年以来一直为军人家庭服务，凭借其优质的服务而闻名于世，为 1000 万以上的人提供保险服务、银行服务、投资理财产品服务、金融咨询和规划服务以及其他服务，满足了大家的资金需求。

格雷格·施瓦兹主要负责 USAA 保险公司所有 IT 解决方案的落地及监督管理工作，确保 IT 能有效地支持 USAA 保险公司的众多移动用户及其家庭，满足大家的经济需求。

施瓦兹于 1983 年毕业后作为一名计算机编程员实习生直接进入了 USAA 保险公司，他在任职的 30 年间曾担任过各种要职，2004 年 5 月被任命为 CIO。

在施瓦兹担任 CIO 期间，USAA 保险公司每一年都会被《计算机世界》杂志评为年度百家优秀 IT 企业。2010 至 2012 年，USAA 保险公司连续三年在百家优秀企业中排名第一。

2010 年，施瓦兹被 Insurance & Technology 公司评为最佳保险技术主管八强。2013 年，他又被 Bank Systems & Technology 公司评选为最佳银行技术高管八强，他是唯一一位在两个领域均获此殊荣的高管。2011 年，他被《计算机世界》评为百位优秀 IT 领导者。

施瓦兹为推进 USAA 保险公司和会员、合作伙伴及员工之间的和谐发展做出了不懈的努力，主要工作包括规范项目管理及 IT 策略规划；建立 USAA 电子商务模式和客户关系管理系统，为整合公司产品线和公司多元

第 9 章
USAA 保险公司 CIO：锐意改革的格雷戈·施瓦兹

Confessions of a Successful CIO

化业务提供了基础技术保障并完成了企业 IT 基础设施的改革；开发上线了公司网站和公司移动应用程序及其相关的基础设施；为员工们创建了一个国家级的先进创新实验室。在施瓦兹的带领下，USAA 保险公司 2006 年推出 Deposit@Home 产品，2009 年推出 Deposit@Mobile 产品，让客户通过 PC 扫描仪和智能手机就能进行存款，这彻底改变了银行业的业务模式。

1982 年，格雷格·施瓦兹毕业于得克萨斯州立大学管理信息系统专业，拥有学士学位。1989 年，他毕业于圣玛丽大学金融学专业，获得硕士学位。

2012 年 7 月早晨 5 点钟，300 多人集中在圣安东尼奥的一个足球场上。据天气预报报道，当天的气温高达 34℃。

教官正站在那里训练这 300 多人——俯卧撑、仰卧起坐、体操运动……教官们用最大的声音吼叫大家应该做的动作。

训练最后以 2500 米跑结束。此时的格雷戈·施瓦兹连胳膊都抬不起来了。

足球场的这一幕并不是在训练新兵。不过，从某种角度来说也可以算是。这 300 名受训者是 IT 人员，而教官们都是 USAA 保险公司雇用的正式退伍军人。

施瓦兹自 2004 年入职 USAA 保险公司以来，就一直担任 CIO 一职。2009 年，他发起了一个名为"零日运动"的新兵训练营计划，以此来训练所有员工，让他们真正理解 USAA 保险公司到底是为谁服务的。施瓦兹说道："你们只有了解了军队，了解了军人的经历，才能够真正地理解你每一天所做的一切。只有这样，你们才能够向公司的使命靠拢。"

据施瓦兹介绍，公司的使命就是将金融服务行业内无比优良的服务提供给客户。USAA 保险公司主要为美国现役军人及其家庭提供金融、投资和保险服务，2012 年公司年收入达 200 亿美元。多年以来，USAA 保险公司口碑良好，获赞无数。几乎美国所有的军人及其家属几乎都是它们的客户，包括海陆空士兵、海军陆战队队员及飞行员等。在 USAA 保险公司看来，这些军人不是它们的客户，而是"会员"，他们可以随时通过网络或手机应用程序来享受公司提供的各种服务。

但 USAA 保险公司以前并不是这样的。

自 2004 年施瓦兹担任 CIO 后，他的团队的第一个任务就是要深入到 USAA 保险公司业务一线调查大家对公司 IT 系统的看法。

那时正值网络发展的初期阶段，所以他们收到的反馈并不理想，与其他 IT 企业相比也没什么不同。

而如今 USAA 保险公司 IT 部的口碑已经发生了翻天覆地的变化。2013 年 7 月，USAA 保险公司被《计算机世界》杂志第四次授予"年度百家优秀 IT 企业"称号。在过去的三年里，USAA 保险公司在各大公司的排名中一直名列榜首（总排名第二）。此时，施瓦兹又想起了 10 年前各家公司对他们 IT 系统的评价。

很显然，USAA 保险公司的 IT 系统在当时是不错的，但在创新方面还没有达到合作伙伴的期望，因为这些 IT 系统的架构不完全透明，且花销太大，耗时过长。

施瓦兹在接受采访时说道："当时只是感觉我们的 IT 系统不错，但和好的系统相比还是有一定的差距。我用'感觉'这个词来形容是因为它一部分是真的，一部分是假的。"

从不被大家看好到成为业绩最佳的 IT 企业，这一路的艰难辛苦就算是最优秀的军事将领可能也很难体会到。

■ ■ ■

USAA 保险公司园区位于得克萨斯州的圣安东尼奥，占地面积巨大，但每天

第 9 章
USAA 保险公司 CIO：锐意改革的格雷戈·施瓦兹

进出园区的员工们早已对此习以为常。USAA 保险公司总部大楼的建筑面积高达 420 万平方英尺[①]，占地面积 282 英亩[②]，从侧面来看，甚至比美国第一高楼威利斯大厦还要宏伟。

公司大厦建在一个古老的马场里，鉴于它规模宏大，于是以美国现代军事教育之父罗伯特·迈克德莫特（Robert McDermott）的名字命名为德莫特大厦（the McDermott Building）。罗伯特·迈克德莫特是现已退役的美国空军准将。他在成为 USAA 保险公司的主席和 CEO 之前曾担任过美国空军学院第一任常务院长。

USAA 保险公司由 25 名军官于 1922 年创办。当时他们需要为自己的战车投保，因为他们的战车在战争中很容易被摧毁，所以没有一家保险公司接单，于是他们共同集资联合创办了自己的保险公司，专门为军队投保。但伴随着第一次世界大战的爆发，对于保险公司来说，军队的保险单绝对是风险最大的单子。现在德莫特大厦的大厅中依然悬挂着第一次世界大战时期的影像图，这也成为了 USAA 保险公司的一种企业文化，时刻提醒大家公司的起源及其真正服务的对象。

USAA 保险公司刚起步时只提供汽车保险服务，之后又增加了寿险和家财险，再后来又加入了银行和经济服务。它们的业务不仅可以通过保险经纪人进行线下办理，还能通过电话和邮件进行办理。1999 年，USAA 保险公司推出了在线服务系统。

USAA 保险公司坚持不懈地对自身业务模式不断创新，这令公司几十年来在客户服务和技术支持方面一直保持领先地位。1988 年，它们引入了 Image Plus——一套能够将邮箱内收到的保单进行扫描存储的图像处理系统。这套系统由 USAA 保险公司和 IBM 公司联合研发而成，并由 IBM 公司负责市场推广。

[①] 1 平方英尺 ≈ 0.093 平方米。——译者注
[②] 1 英亩 ≈ 4046.856 平方千米。——译者注

大家还记得 2010 年美国大通银行通过电视广告大肆宣传移动支票扫描应用程序时的情形吗？其实 USAA 保险公司早在 2009 年就推出了自己的 Deposit@Mobile 应用程序。这套程序以家庭存款为基础，允许客户扫描支票并将扫描图像上传到 USAA 保险公司的系统中，从而实现快速自动存款。但当时这个程序只能用于 Web 端，后来才逐渐发布了移动客户端。

施瓦兹的工作背景比较简单。他 1982 年毕业于得克萨斯州立大学管理信息系统专业，获得学士学位，随后就加入了 USAA 保险公司并效力至今。他一直致力于工作中的改革创新。

支票扫描软件在他的带领下大获成功，但他却将功劳归于他的团队及合作伙伴的通力合作。自从成为 CIO 以来，施瓦兹对团队起到了很大的激励作用，点燃了团队的创新热情。其实这是他工作中很重要的一部分，同时也是对 USAA 保险公司其他部门领导所关心的事情的一种回应。

除了要提高创新能力以外，施瓦兹接下来还要从规范企业的组织运营、提高办公自动化效率以及建立高效的办公队伍这三个方面来进行改革。

■ ■ ■

"将 IT 像业务一样去运营。"听到这句话，大多数 IT 负责人可能会有所畏惧，但施瓦兹却是第一个接受这种思想的人。

早在 2004 年，当其他部门的领导问 CIO 将如何经营 IT 业务的时候，这句话就经常被提起。几年前，施瓦兹在负责公司的规划架构小组时也收到了同样的诉求。

那时候，USAA 保险公司的 IT 部向其他部门提供服务是要收费的。比如，如果 IT 部为当时担任财务总监、现任公司 CEO 的乔·罗伯斯（Joe Robles）提供服务，那么乔·罗伯斯就得支付费用。但问题是，所有的花销都是混合在一起的，业务部主管几乎无法监管部门花在 IT 上的费用。因此，施瓦兹着手创建了一套更加透明的成本核算制度。

他的团队在六个月内开发了一套全新的作业成本会计系统。直到现在，IT部的每一名员工（包括施瓦兹在内）依然在使用该系统记录、完成每周的所有工作，并且可以根据自己记录的劳动量来向其他部门收取一定的费用。

此外，施瓦兹还带领团队创建了一个新的产品目录库，目的是让企业内部用户对自己从IT部购入的产品一目了然。施瓦兹团队能支持的应用多达2500个，但你要想让大家一次性查看2500个应用是不太现实的。所以，施瓦兹与业务团队联手将所有的条目进行分类组合，最后总结出了125个主要的系统标题，这其中包含八个核心产品，比如计算机、移动设备等。

让计费模式可控是施瓦兹"将IT像业务一样去运营"这一计划的一部分。这样IT领导者就会有更多的时间来关注其他方面（比如改变业务模式），这让施瓦兹兴奋不已。

要想改变业务模式，他们就必须优化流程。简化费用模式就是为了实现这一目标而要迈出的正确的一步。

也就是说，业务团队通过账单就能够清楚地了解自己所用过的主要产品。施瓦兹及其团队会将每个业务部门每年的财务成本进行汇总分析，让业务部门领导了解成本是升高了还是降低了。IT团队会与业务部门领导共商对策，考虑如何才能降低成本——要么提高生产率，要么改进职能。

全新的计费模式还有另外一个好处，那就是让库存管理系统也得到了改善。高级财务官（在USAA保险公司指的是IT部的高级财务主管，相当于别的公司的CFO）每年都需要为150名员工及200台计算机投入资金。施瓦兹告诉他如何通过返还资源来降低成本。高级财务官将设备归还后，施瓦兹团队成员会立即将它们从选项中划掉。

施瓦兹出任USAA保险公司的CIO时，公司将IT预算的约70%都用在了"经营业务"项目中，这与其他的金融服务行业没什么不同。而现在，施瓦兹将一半以上的费用都用在"改变运营模式"项目中。

■ ■ ■

如果你想要实现完美运营，那你就必须进行整顿。施瓦兹带领团队对计费系统进行升级改造，为IT部提供了一套有力的工具，让它们能更清楚地了解自己的成本花销。对客户来说，这样的计费系统也更加透明可信。总而言之，一切都在变得越来越好。

如今，施瓦兹手握高达10亿美元的预算。但由于一大半项目还在进行中，成果再现就是非常必要的。施瓦兹的高明之处就在于他会对投入IT的每一分钱都评估出一个预期的回报——何时才能完成、何时能让客户增值。

由于项目数量庞大，以及时间周期参差不齐，施瓦兹及其团队建立了一套完整的项目管理流程。秉承着公开透明的理念，他们为此也开发了一套商业智能数据展示平台。深知业务流程的下属每周都会将这些数据以柱状图或饼状图的形式形象地展现给他们的合作伙伴。这套商业智能数据展示平台让施瓦兹团队对自己的表现有了一个清醒的认识，从而树立了更长远的目标。

施瓦兹总共跟踪了20项关键指标，其中有两项最为突出。这两项指标全都是以公司运营前景及客户满意度为出发点的。

第一项是可用性。施瓦兹说道："这是我们赖以生存的根本。现在我们与客户之间的交流基本上都是线上进行，所以我们首先要考虑的就是这些系统的可用性。"（从2012年12月开始，线上交流有超过一半是通过移动端进行的。）

第二项更有意思，施瓦兹称之为"痛点"。现在几乎每个人都会以这样或那样的形式与银行打交道——通过智能手机查看账户的收支情况、与客服人员在线聊天，等等。这解决了线下排队的各种"痛点"。

想象一下，如果有一天你在银行柜台排队处理业务，等了很长时间，银行却

第 9 章
USAA 保险公司 CIO：锐意改革的格雷戈·施瓦兹

告诉你由于系统的问题，暂时不能为你提供服务，你是不是会很生气？施瓦兹就把客户的服务中断称作"痛点"，他把这一痛点进行了量化。

USAA 保险公司每一次运营中断都会有一个数字与之对应。如果运营完全没有中断，那么这个数值是 1；如果运营出现中断，那么会根据中断的时间长短有一个对应小数值，比如 0.5。例如，某个周一的早上 9 点，客户（海陆空士兵、海军陆战队队员及飞行员）正在查他们的账户收支状况，据统计，当时的并发访问量是 150 万左右。如果 USAA 保险公司的系统中断了 30 分钟，施瓦兹将受影响的人员数乘以每位客户受影响的分钟数，最后得到 4500 万，那么这个数就是"痛苦分钟数"。

2012 年，USAA 保险公司的痛苦分钟数是 500 万左右。2013 年，施瓦兹团队设置了不超过 200 万的目标。截止到 2013 年 7 月底，它们的进度稍显落后。

但用百分比来计算的话，较 2012 年有所上升，因此他们其实取得了实质性的进展。如果按照这种方法计算的话，2002 年每个客户每周痛苦分钟数高达 1.5 分钟，而到 2013 年 7 月，每个客户的每周痛苦分钟数已经下降到了 0.006 秒左右。

但施瓦兹对此仍不满意。

……

∎∎∎

除了 IT 运营，项目交付也是施瓦兹非常重视的一个环节。

他的团队在每个月和每个季度都有对应的八项考核指标，即项目交付成本、项目交付时间、项目预估准确度、交付范围、既获效益、上市时间、产品质量和生产效率。

2008 年，USAA 保险公司对金融服务业的同等项目的交付时间做了一个统计。竞争对手的平均项目交付时间为 231 天，而 USAA 保险公司是 201 天。尽管它们的项目交付时间已经比市场上的平均项目交付时间低了不少，但施瓦兹仍然觉得还有待提高。2013 年底，他的期望结果是 106 天，到 2016 年他希望能缩短到 90 天以内。其实他能取得这些成就，都要感谢从 2008 年以来，就一直负责项目交付团队的高级副总裁吉姆·库恩（Jim Kuhn），除了施瓦兹清晰的战略制定以外，吉姆·库恩强大的执行力同样功不可没。

施瓦兹说道："这其实还关乎流程规则的问题。"这绝对是最核心的问题。他觉得初露头角的 CIO 往往只注重创新。虽然我们一直在提倡创新，但是如果运营规则都没建立好，那么单单为了创新而进行创新是没有任何意义的。这就是所谓的执行力问题。

从执行的角度来看，施瓦兹发现了另一处需要改进的地方。截至 2018 年，他希望系统工具的可用性达到 100%。这是一个超级大胆的目标，有些人可能觉得这不可能。但施瓦兹要让 USAA 保险公司实现这个目标。

要实现这个目标，首先要考虑到合理性的问题。如果一个系统或应用在晚上突然宕机，他希望他的团队能在第一时间内解决这个问题。但是工程师们在正常的工作时间内承受的压力已经不小了，晚上再把他们叫过来解决问题有点不近人情。因此，USAA 保险公司专门设置了一个运营指挥中心，由公司员工和外包公司一起来提供 7×24 小时的不间断服务。2009 年，USAA 保险公司在印度也成立了运营指挥中心。现在 USAA 保险公司已经在全球成功部署了全天候监控系统，无论什么时候都能快速解决出现的问题。在另一半球建立运营指挥中心能够减轻在美国工作的员工的负担。

其次，要考虑到灵活性的问题。普通的问题被提交到桌面运维支持这里，桌面运维工程师负责电话应答或初级问题的解决。如果解决不了，可以再向上提交到核心的团队成员这里。除此以外，让高中低工程师搭配运维，这样既能快速解决客户的普通问题，又能将复杂的问题第一时间交由核心团队来解决。

因此，施瓦兹团队与第三方服务机构签订了合作协议，让它们的工程师每三分钟就从全球 15 个地点对 USAA 保险公司的所有网络进行一次 Ping 操作，以确

第 9 章
USAA 保险公司 CIO：锐意改革的格雷戈·施瓦兹

保第一时间发现网络服务问题。如果有客户电话打进来问道："您好，在吗？您能满足我的请求吗？"那 USAA 保险公司其实就要提供和银行、证券及信用卡有关的综合服务。

第三方服务机构与其他的金融机构之间也有合作，因此，USAA 保险公司通过与第三方服务机构的合作与沟通就能了解到 USAA 保险公司在业内的真实排名。在银行和信用卡服务行业，USAA 保险公司的排名在过去的五年中一直高居榜首。施瓦兹说道："这些业务部对我们来说不是一些摆设，而是我们的命脉。我们的每一个问题都会影响到客户对我们的评价，因此我必须要做好对应的服务。"

这一切都会显示在商业智能数据展示平台上，有些也会被推荐到董事会中。正是这些展示平台见证了施瓦兹团队遵守流程规则而取得的成功。

以上的这一系列改进让施瓦兹可以集中精力地对 IT 部进行大刀阔斧的改革创新。虽然一些其他部门的领导认为 IT 部并没有开发出新的功能或工具来促进业务发展，但最起码 IT 部加强了交易系统的稳定性，提高了公司在同行中的排名。这是不争的事实。

理解 USAA 保险公司的创新观念非常重要。用施瓦兹的话说，能让公司增值的一切改变都可称之为创新。他坦言："我们来想想，如果按照这种理解来定义创新，那你就没必要非得去往某个部门了，因为每个员工都可以参与进去。"

这一观念就注定了他的重要提议必将落实到位，他也会为了完成这些提议而想尽方法。

其实在施瓦兹没有担任 CIO，还只不过是一个高级 IT 领导者之前，他就已经开始重新定义创新了。1999 年，USAA 保险公司建立了第一个应用研究实验室。随着互联网的快速发展，新兴技术也如雨后春笋般不断涌现。为了适应市场的变化，公司的 IT 部早就已经开始改革创新了。

创建白皮书是创新的一方面。然而对于 USAA 保险公司来说，这远远不够。

所以它们通过实验室对新兴技术进行规范，明确地展示如何将新兴技术卖给公司内部客户。

短短几年之后，USAA保险公司就在银行客户服务方面取得了重大的突破。但是请记住，这家公司几乎是一个虚拟公司。USAA保险公司除了在圣安东尼奥的总部大厦设有传统银行以外，它们在全国各地没有一家实体分行。因此大部分会员都是通过线下邮寄的方式在USAA保险公司存款。这就带来了另一个"痛点"——大量的邮寄支票，并且每一张支票都得精心处理不能出现差错。这不但为公司总部带来了很大的压力，而且客户也并不想邮寄支票。如果USAA保险公司还想继续扩大银行业务，那么它们就必须要克服这一难题。于是USAA保险公司通过应用研究实验室研发出了一款具备在家扫描、远程存款功能的扫描仪，俗称"在家存款"。后来随着移动设备的普及，施瓦兹和USAA保险公司的另一个团队合作开发了基于智能手机的远程存款应用。

创新工作一直以来都是IT部最头痛的问题。虽然你可以夜以继日地在实验室进行研究，但是当你发现系统需要快速迭代的时候，你该怎么办呢？

施瓦兹与USAA保险公司的首席技术创新官瑞奇·伯克斯（Rickey Burks）共同提出了一种新的模式，他们称之为"加速发展模式"。这是一种完全独立的筹资机制。在这种机制下，哪怕是针对尚未成熟的功能，IT部也能提供各种资源将这些功能快速地赋予在产品中。鉴于公司以往优秀的创新历史，高层领导很快就同意了这一想法并批准了启动资金。

在过去两年的时间里，施瓦兹与伯克斯一直致力于改善企业文化，在此基础上，企业的工作流程以及出资方式也发生了巨变，他们对此颇为欣慰。

其实在多年以前，USAA保险公司创新团队就已经引进了一个名为企业创新联合会（Innovation Communities for the Enterprise，ICE）的平台。这一平台本质上是一个门户网站。通过这个门户，USAA保险公司的员工可以针对流程和技术的改进以及公司的方方面面提出各种建议，并能够对现有的一些观点进行投票。

第 9 章
USAA 保险公司 CIO：锐意改革的格雷戈·施瓦兹

所有员工可以为自己喜欢的观点点赞（就像在 Facebook 上一样），最受欢迎的观点将被优先显示。随后这些投票结果会被送到一个由不同部门成员组成的创新团队中，他们会对此进行分析研究，选出一套最有利于公司发展的解决方案。与此同时，施瓦兹的 IT 部会继续挖掘这些列表的信息，他们将之称之为"ICE 挖掘"，期望从中能得到独特的见解并解决现有的问题。

接着施瓦兹和伯克斯更进一步。他们决定在 ICE 平台推出类似于黑客马拉松的创新竞赛项目，并称之为"ICE 编码大赛"。这大大激发了大家的创新热情。从公司角度来看，这也大大地激发了大家的积极性，为公司创造了许多产品原型。

这些竞赛现在每季度还会举办一次，员工自愿参加。每场竞赛由 20 个五人跨部门小组组成，时限为 250 个小时。他们必须通过现场推销或视频的方式将这些原型卖掉。

施瓦兹坦言，大家的反响非常热烈："我们完全淹没在各种奇思妙想中了。"以至于后来他们不得不限制参赛的人数。公司也因此收获颇丰，新一代的远程存取款应用就诞生于此竞赛中。同时，它们还意外收获了另外两款应用，一款是用于 iPad 的再生模型应用；另外一款是用于智能手机的保险索赔应用。

施瓦兹说道："这只是换了一种方式来让员工执行公司的使命。这也正是那些有创新想法的员工所喜欢的，尤其是那些新员工。对公司和员工来说，这都是一桩好事儿。"

■ ■ ■

施瓦兹的技术团队现在看起来更像是一个业务部门。因为它们不仅擅长技术，对业务也了如指掌，并且施瓦兹为大家创造了一个开放的工作平台，激发了大家的创新激情。IT 部最核心的元素其实是"人"，施瓦兹也在不断地完善改进自己在这一方面的想法。

施瓦兹说道："我经常告诉我的团队和同事们，是人让这一切变得与众不同。

当我与新上任的 IT 领导者聊天时，我常常跟他们说，全新的技术固然值得关注，但人才是至关重要的。"

大家别忘了，这是一支受到空前尊敬的团队，它们连续四年被授予"年度百家优秀 IT 企业"的称号。在施瓦兹刚开始担任 CIO 的时候，他觉得公司有些地方亟待改善，尤其是增加应届毕业生这一方面。尽管员工数量在增长，但他想让自己的团队成员更为灵活，这样就可以根据需要对团队进行调整。

因此，USAA 保险公司加强了校园招聘力度。2013 年夏天，在 USAA 保险公司的办公室里已经有来自 40 多所高校的 175 名大学实习生。这让施瓦兹想起了他的过去，他曾经也是在校招中被直接录取的。

大学生实习计划为大学生招聘计划铺了一条路。在学生大二和大三时，USAA 保险公司就将他们引入，为他们提供实习机会。公司的战略就是要提早出手、频繁出手。

但更重要的是要向大学实习生传递一种信念。施瓦兹说道："我们会向他们传递这样一种价值观，即'其实我们不希望你为了工作而工作，我们希望你与我们携手创造一番事业'。我们许给他们的不仅是一份职业，还是一份事业。"

多变的元素自然会更难处理。大部分公司在进行 IT 外包时开场白总是这样的：我们核心的东西是什么，非核心的东西是什么，等等。

施瓦兹团队并不喜欢这样武断的判断。他解释道："简单地说，我们并不能直接简单地判断哪些是核心的，哪些是非核心的。例如，如果 10 年前你要问我大型主机是否会消失，那我的回答是肯定的。但是现在，我将告诉你绝对不会，因为这些事情将会随着时间的变化而变化，不能用简单的一句话给出定论。"更重要的是，USAA 保险公司对其会员的信息安全保护是非常谨慎的，这又增加选择合适资源的难度。

施瓦兹团队决定分别让四个供应商来分摊其需求，而是不全压在一个供应商

第 9 章
USAA 保险公司 CIO：锐意改革的格雷戈·施瓦兹

身上。他会尽量定期拜访这些供应商——就在我们采访结束后的第二天，他就去拜访了瓜达拉哈拉的供应商，让它们跟进 USAA 保险公司 IT 部近期的动向，也让它们明白瓜达拉哈拉本地团队与圣安东尼奥本部的团队没什么不同。

在施瓦兹看来，这样做非常有意义。USAA 保险公司 IT 部正是通过建立这种战略关系，实现了生产力的快速提高——USAA 保险公司在引进人才的速度上还不能满足 IT 部的要求，施瓦兹对这一点心知肚明。

施瓦兹的 IT 部有 2500 人，每一个人都不会因为项目外包而恐慌不已。当 IT 部将大量工作交与外包商来处理时，圣安东尼奥本部的团队会接受新的任务，IT 部会接受新的再培训，迅速进入下一个角色。

施瓦兹希望 IT 部在美国的版图不断扩大，2013 年 9 月，USAA 保险公司宣布扩大波特兰和得克萨斯两市的 IT 经营范围。截止到 2018 年，公司的投资将超过 3100 万美元，600 多名新员工将安置在达拉斯—沃斯堡区域。

施瓦兹一直在追求多元化发展，虽然他已经付出了一些努力，但他觉得还不够。他希望能有更多的女性从事 IT 工作，也希望团队中补充一些 IT 老手，最终组建成一个灵活多样的 IT 团队。

他非常喜爱千禧一代。"我特别不愿意参加那种对千禧一代横加指责的会议，"施瓦兹坦言，"我觉得后生可畏。他们的工作方式可能不一样，想法可能也与众不同。但我认为这是一个优势，我们可以互相借鉴共同成长。"

与人才有关的问题就是构建一个更加牢固的 IT 架构的第四屏障。只有将企业文化做好了，企业架构才能设计好。

■ ■ ■

回想起模拟新兵训练营的"零日运动"，施瓦兹鼓励员工们尤其是新来的员工一定要参加。他将这一运动与公司使命紧紧相连。"使命"是一个经常被提起的商务词汇，正是它让公司与员工、客户之间产生了共鸣。实际一点来说，所谓"使命"其实就是公司的"愿景"。

USAA 保险公司的 CEO 乔·罗伯斯与员工开会时，总是会先从公司的使命开始谈起，接着会播放员工的视频，如"零日运动"，这些视频都是与员工的工作、生活、过往经历息息相关的。

当施瓦兹介绍到 IT 时，他以军队家庭的视角来阐述一切。他介绍了 USAA 保险公司是如何通过改善产品和服务质量来帮助客户的，以及 USAA 保险公司为提高可用性而做出的未来计划。它们所做的一切归根到底都是为客户服务。

正如他所说，这不是一项一蹴而就的工作。如果你将客户放在首位，那么你将赢得市场。其实作为一家上市公司，这一点是很难做到的。但作为一家保险公司，USAA 保险公司不用承受来自华尔街的压力，因此能更好地生存发展。

USAA 保险公司并不是唯一一家这样的公司，但它却是一个特别的存在。施瓦兹反复地强调这一优势，并不断地强化以使命为导向的企业文化——即使这并不是每个人与生俱来的。他后来说道："我从未在其他公司工作过，但是我雇用了很多在其他公司工作过的人。除非他们在 USAA 保险公司工作过，否则他们不会明白为什么我们这么热情，坦白地讲，只有你身临其境，你才能知道我们公司的与众不同。"

在施瓦兹看来，公司使命最核心的部分是要让高层管理人员之间互相合作。他很看重自己推动者的角色，他说道："IT 部并没有战略决策权，那是业务部门的事情。但如果你是一个推动者，那你就可以对战略的决策起到一定的影响和指引作用，你可以告诉大家怎么样才能切实推动公司的改革。"

但是企业构架及相互尊重的氛围是在长期的发展中形成的。施瓦兹将自己的成功归于以下几个方面。

- 首先，他的团队拥有以客户需求为己任，并能凭借技术努力达到客户需求的精神。
- 其次，他们自己为了掌握 USAA 保险公司的流程而做出的不懈努力。
- 最后，施瓦兹及其团队在与内部客户探讨问题时证明了他们的实力。

他说道："他们知道我们一直在为缩短上市时间而不断地努力奋斗。我们也会让他们知道各项指标，不管是好是坏。我们让他们看到了我们每年取得的进步，赢得了他们的信任，让他们知道我们就是在解决问题。"

施瓦兹及其团队为 IT 领导者如何与高层建立和谐的关系做出了最好的示范。"如果 CIO 都遵循这种方法，那么即使他们每天不坐在电脑桌前，他们也能处理好各种问题。"施瓦兹说道。

Confessions of a
Successful CIO
译者后记

在互联网快速发展的今天，互联网已经对许多企业尤其是较大的传统企业构成了严重的挑战，不接受互联网可以说就是在"等死"，但是盲目地拥抱互联网那也是在"找死"。所以，企业 CIO 必须从全局的角度对原有的业务和技术进行梳理。承上，CIO 要对各领导层起到引导作用；启下，CIO 要对各中层和基层员工起到管理和指导作用，将技术融合到企业的发展中，利用技术来改变企业的运营模式，从而实现企业的战略转型。

本书以九个生动的人物故事讲述了世界顶级 CIO 的修炼之路。我在翻译过程中被这些 CIO 精英们化腐朽为神奇的才能、温暖的人文关怀、孜孜不倦的学习精神深深折服。

因为，要想成为一名出色的 CIO 可并非易事。

首先，要具备力挽狂澜的魄力。在这个瞬息万变、日新月异的互联网时代，谁能跟上时代的步伐，不断地改革创新，谁就是赢家。这些顶级 CIO 们在公司面临改革挑战时绝不手软，当机立断，救公司于危难中。

其次，要具备良好的沟通能力。"孤岛思维"是书中提到的一个词语。CIO 不能像一座孤岛一样把自己独立出来，他要与公司高层、各级部门、基层员工之间建立良好的关系。关系打通了，工作才能顺利地开展下去。

再次，要有温暖的人文关怀。"以人为本"是这些顶级CIO们普遍遵循的法则。"人"是企业最核心的因素，也是关乎企业成败的关键因素。只有将"人"拧成一股绳，使其朝着公司的目标发展，公司才能发展好。

最后，要有孜孜不倦的学习精神。虽然本书中的CIO们早已功成名就，但是他们从未停止过学习的脚步。他们仍保持着每天读书看报，不断汲取行业知识的习惯。在这个浮躁的社会，能静下心来学习实属不易，这让我受益匪浅。

因此，CIO不但要用技术的思维去解决问题，更要学会用业务的思维处理事情，还要考虑如何从战略层面和公司层面去考虑问题。

希望本书能给想在IT方面有所成就的人以启发，相信在你认真研究过本书中介绍的案例以及这些CIO们的处事方式后，你一定可以寻找到一些灵感。也希望大家通过这本书能对真正的CIO有一个全面的了解。

杨燕坡

Confessions of a Successful CIO: How the Best CIOs Tackle Their Toughest Business Challenges

ISBN: 978-1-118-63822-4

Copyright ©2014 by Dan Roberts and Brian P. Watson.

Simplified Chinese version ©2019 by China Renmin University Press.

Authorized translation from the English language edition published by John Wiley & Sons limited.

Responsibility for the accuracy of the translation rests solely with China Renmin University Press Co., Ltd. and is not the responsibility of John Wiley & Sons Limited.

No part of this book may be reproduced in any form without the written permission of the original copyright holder, John Wiley & Sons Limited.

All Rights Reserved. This translation published under license, any another copyright, trademark or other notice instructed by Wiley.

本书中文简体字版由约翰·威立父子公司授权中国人民大学出版社在全球范围内独家出版发行。未经出版者书面许可，不得以任何方式抄袭、复制或节录本书中的任何部分。

本书封底贴有Wiley激光防伪标签，无标签者不得销售。

版权所有，侵权必究。

北京阅想时代文化发展有限责任公司为中国人民大学出版社有限公司下属的商业新知事业部,致力于经管类优秀出版物(外版书为主)的策划及出版,主要涉及经济管理、金融、投资理财、心理学、成功励志、生活等出版领域,下设"阅想·商业""阅想·财富""阅想·新知""阅想·心理""阅想·生活"以及"阅想·人文"等多条产品线,致力于为国内商业人士提供涵盖先进、前沿的管理理念和思想的专业类图书和趋势类图书,同时也为满足商业人士的内心诉求,打造一系列提倡心理和生活健康的心理学图书和生活管理类图书。

《对话最伟大的头脑:世界顶级 CEO 的工作智慧》

- 当今最受敬重的获奖财经记者之一、彭博电视台金牌主播、深受华尔街人士喜爱的节目《遇见大咖》(In the Loop)主持人贝蒂·刘真诚力作。
- 近距离采访如沃伦·巴菲特、埃隆·马斯克、马克·扎克伯格等知名亿万富豪、CEO、政治家和名人。
- 深刻揭示到底是什么决定了一个人的成功。

《像创新者一样思考:改变世界的创新大师们》

- 世界颇具影响力的全球思想领袖网络创建者、扁平化理论先驱最新力作。
- 对几十位世界创新先锋们的独家深度采访,全面解析创新大师成功的基因,直击创新的本质。

《协同经济:如何在扁平化世界中寻找未来商机》

- 在由数字、注意力和协同经济构成的扁平化世界中,科技和通信领域的迅速发展,让全世界的人们空前地彼此接近,创新工具的日新月异将让终端用户具有史无前例的力量。
- 享誉全球的企业发展战略思想领袖又一力作。
- 分享世界领航者们的成功经验,为企业寻找未来商机保驾护航。

《新营销实操：从新手到高手》（原书第 5 版）

- 本书是英国特许营销协会（CIM）指定市场营销培训教程。
- 全书涵盖市场营销所有的工作，专注解决营销人员工作中所遇到的难点、痛点问题。
- 一本从新手入门到高手精进，专业知识技能与实战相结合，线上、线下全流程指导。

《销售绩效与薪酬奖励体系设计全书》

- 帮助公司高管扩大盈利、提升士气、留住客户、平衡销售人员和其他员工之间的关系。
- 一本教你将公司战略与销售奖励机制真正匹配起来的必读之作。
- 一本介绍了大量有价值的销售绩效考核理论与模板、结合了大量案例、可读性强的实操手册。

《商业模式设计新生代：如何设计一门好生意》

- 原班团队倾力打造，《商业模式新生代》最新升级版。
- 吸取荷兰银行、奥迪、Autodesk、丰田金融服务以及各个孵化器、创业公司等不同类型企业商业设计成败经验教训。
- 全球 50 位精英创业家、战略设计师和思想领袖，手把手教你设计出一门持续赚钱的好生意。

《高绩效团队教练》（第 2 版）

- 本书是教练大师、巴斯咨询集团创始人兼名誉董事长彼得·霍金斯倾心之作。
- 本书介绍了作为助力团队发挥无限潜力、提升绩效的团队教练，应具备的关键核心能力。

《谁动了你的数据：数据巨头们如何掏空你的钱包》
- 关于大数据极具预见性的未来之作。
- 《纽约时报》专栏作家安娜·贝尔纳谢克携手法律顾问 D.T. 摩根合著。

《大数据经济新常态：如何在数据生态圈中实现共赢》
- "商业与大数据"系列图书之一，一部关于大数据经济的专著。
- 数据经济时代，没有一家独大，唯有共赢，才能共生。
- 客户关系管理和市场情报领域的专家、埃默里大学教授倾情撰写。
- 发展中国特色的经济新常态的优质实践与指南。

《大数据供应链：构建工业 4.0 时代智能物流新模式》
- 大数据供应链落地之道的经典著作。
- 美国知名供应链管理专家娜达·桑德斯博士力作。
- 聚焦传统供应链模式向大数据转型，助力工业 4.0 时代智能供应链构建。

《企业债投资市场数据分析：从入门到精通》
- 美国杠杆融资战略领域领导者权威著作。
- 从风险控制师到信用分析师、基金经理、投资银行家，从资本市场交易员到销售、资产配置经理，一本投资界从业人员决胜企业债投资市场必读的数据分析书。